utb 6104

Eine Arbeitsgemeinschaft der Verlage

Brill | Schöningh – Fink · Paderborn
Brill | Vandenhoeck & Ruprecht · Göttingen – Böhlau · Wien · Köln
Verlag Barbara Budrich · Opladen · Toronto
facultas · Wien
Haupt Verlag · Bern
Verlag Julius Klinkhardt · Bad Heilbrunn
Mohr Siebeck · Tübingen
Narr Francke Attempto Verlag – expert verlag · Tübingen
Psychiatrie Verlag · Köln
Ernst Reinhardt Verlag · München
transcript Verlag · Bielefeld
Verlag Eugen Ulmer · Stuttgart
UVK Verlag · München
Waxmann · Münster · New York
wbv Publikation · Bielefeld
Wochenschau Verlag · Frankfurt am Main

#fragdocheinfach
Alle Bände der Reihe finden Sie am Ende des Buches.

PD Dr. Seongcheol Kim ist Privatdozent und wissenschaftlicher Mitarbeiter am Institut für Interkulturelle und Internationale Studien der Universität Bremen.

Seongcheol Kim

Populismus? Frag doch einfach!

Klare Antworten aus erster Hand

UVK Verlag · München

Umschlagabbildung und Kapiteleinstiegsseiten: © bgblue – iStock
Abbildungen im Innenteil: Figur, Lupe, Glühbirne: © Die Illustrationsagentur

Bibliografische Information der Deutschen Nationalbibliothek
Die Deutsche Nationalbibliothek verzeichnet diese Publikation in der Deutschen Nationalbibliografie; detaillierte bibliografische Daten sind im Internet über http://dnb.dnb.de abrufbar.

DOI: https://doi.org/10.36198/9783838561042

– ein Unternehmen der Narr Francke Attempto Verlag GmbH + Co. KG
Dischingerweg 5 · D-72070 Tübingen

Internet: www.narr.de
eMail: info@narr.de

Einbandgestaltung: siegel konzeption | gestaltung
CPI books GmbH, Leck

utb-Nr. 6104
ISBN 978-3-8252-6104-7 (Print)
ISBN 978-3-8385-6104-2 (ePDF)
ISBN 978-3-8463-6104-7 (ePub)

Alle Fragen im Überblick

Varianten des Populismus 83

Populismus im Länderkontext 99

Antipopulismus 111

Vorwort

Was ist Populismus? Ist Populismus überhaupt ein sinnvoller Begriff? Was für einen Sinngehalt kann er denn jenseits seiner weit verbreiteten Verwendung als Kampfbegriff haben? Nicht selten ruft das Reden von Populismus Fragen über Fragen hervor. Der vorliegende Band nimmt sich die etablierte Zielsetzung der utb-Reihe – „Klare Antworten aus erster Hand" – zu Herzen, um fundierte Antworten aus jahrelanger wissenschaftlicher Forschungspraxis auf diese und viele weitere Fragen zu bieten. Das Ziel besteht nicht zuletzt darin, über die weit verbreiteten Klischees und Vorurteile über Populismus hinwegzuschauen und eine begrifflich differenzierte, theoretisch reflektierte sowie empirisch informierte Einführung in möglichst zugänglicher Form zu präsentieren.

Gegliedert ist das Buch in sieben thematischen Kapiteln: Begriff, Theorien, Methoden, Geschichte, Varianten, Länderkontext und schließlich Antipopulismus. Das Buch ist so geschrieben, damit die Lesenden je nach Interessenschwerpunkt ohne große Voraussetzungen direkt in ein beliebiges Kapitel einsteigen können. Gleichzeitig wurde versucht, die Wiederholungen für jene, die das Buch linear vom Anfang bis zum Ende lesen wollen, auf das notwendige Minimum zu beschränken. Die zahlreichen Querverweise und Literaturtipps helfen dabei, zwischen den verschiedenen Themenkomplexen und Zusammenhängen zu navigieren.

In jedem Kapitel werden Fragestellungen aufgegriffen, die in der wissenschaftlichen Diskussion über Populismus eine Rolle spielen und gleichzeitig für ein allgemeines Publikum interessant sein könnten. Es wird grundsätzlich versucht, eine Balance zwischen fachlicher Tiefe und allgemeinem Interesse, zwischen Detailtreue und Gesamtblick zu finden. Auch forschungserfahrene Lesende werden hoffentlich einiges finden, was nicht nur den etablierten Forschungsstand wiedergibt, sondern auch neu ordnet bzw. mit neuen Erkenntnissen ergänzt.

Hinweis | In diesem Band werden doppelte Anführungszeichen („") für direkte Zitate und einfache (‚') wiederum für generische Zuschreibungen verwendet (z. B.: Im Populismus geht es um ‚das Volk' gegen ‚die da oben'). Dort, wo spezifische Begriffsverwendungen aus einem bestimmten Diskurskontext genannt werden, bekommen doppelte Anführungszeichen den Vorzug (z. B.: Die Partei berief sich auf „das Volk" gegen „die Elite").

Was die verwendeten Symbole bedeuten

Toni verrät spannende Literaturtipps, Videos und Blogs im World Wide Web.

Die Glühbirne zeigt eine Schlüsselfrage an, deren Antwort unbedingt lesenswert ist.

Die Lupe weist auf eine Expert:innenfrage hin. Hier geht die Antwort ziemlich in die Tiefe. Sie richtet sich an alle, die es ganz genau wissen wollen.

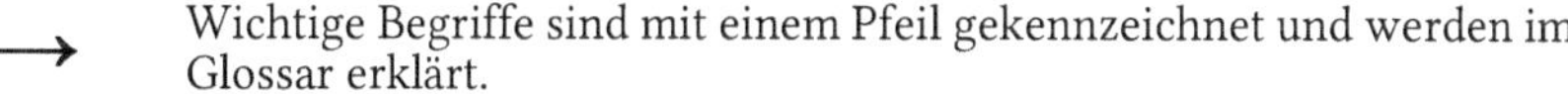

→ Wichtige Begriffe sind mit einem Pfeil gekennzeichnet und werden im Glossar erklärt.

↠ Der Pfeil mit der doppelten Spitze verweist auf weiterführende Fragen zu diesem Thema.

Zahlen und Fakten zum Populismus

Beispiele für populistische Zitate, Wahlkampfsprüche und Protestslogans

»Hier vertreten die Abgeordneten das Volk und nicht die politische Elite. Deshalb hatten Sie nicht mal das Recht, die Frage zu stellen. Gefällt Ihnen das nicht, können Sie doch weg von diesem Kacksessel da!«

Wladimir Schirinowski in einer Plenardebatte 2003 an den Präsidenten der russischen Staatsduma, nachdem dieser einem Abgeordneten aufgrund wüster Beschimpfungen das Rederecht per Abstimmung entziehen ließ

»Das Volk hat das Recht, auch in einer Demokratie die Regierung zu stürzen, wenn sie gegen den Volkswillen regiert, wenn sie das Existenzinteresse der Menschen gefährdet.«

Viktor Orbán als Oppositionsführer im März 2007 auf einer Kundgebung seiner Fidesz-Partei zum ungarischen Nationalfeiertag

»Wir sind die 99 Prozent.«

Occupy Wall Street in den USA, 2011

»Das Volk fordert den Abgang des Regimes.«

Tahrir-Platz-Proteste in Ägypten, 2011

»Das Volk muss wieder zum Souverän werden. Heimlicher Souverän in Deutschland ist eine kleine, machtvolle politische Oligarchie, die sich in den bestehenden politischen Parteien ausgebildet hat.«

Bundestagswahlprogramm der AfD, 2017

Meilensteine in der modernen Geschichte des Populismus (exemplarische Auswahl)	
1838	Entstehung der Chartist Movement in Großbritannien mit der Veröffentlichung des People's Charter
1868	Entstehung der „Volkslager"-Bewegung in den tschechischen k.-u.-k. Gebieten
1874	Kampagne „Gang zum Volk" der Narodniki im russischen Zarenreich
1888	Einzug der Boulangistes ins französische Parlament
1896	Erste Präsidentschaftskandidatur von William Jennings Bryan in den USA
1919	Gründung der „Volkspartei Chinas" (Kuomintang) um Sun Yat-sen
1930	Erste Machtübernahme von Getúlio Vargas als Staatspräsident Brasiliens
1931	Entstehung der „Volksschriftsteller"-Bewegung in Ungarn
1946	Wahlsieg von Juan Perón bei den Präsidentschaftswahlen in Argentinien
1953	Entstehung der Poujadiste-Bewegung in Frankreich
1972	Gründung der Fortschrittspartei in Dänemark sowie ähnlicher nordischer Antisteuerparteien in den Folgejahren
1981	Wahlsieg von Andreas Papandreous PASOK bei den Parlamentswahlen in Griechenland
1994	Wahlsieg des Mitte-Rechts-Bündnisses um Silvio Berlusconi bei den Parlamentswahlen in Italien
1998	Wahlsieg von Hugo Chávez bei den Präsidentschaftswahlen in Venezuela
2011	Entstehung der Indignados in Spanien, Aganaktismenoi in Griechenland und Occupy Wall Street in den USA
2015	Wahlsieg von Alexis Tsipras' SYRIZA in Griechenland und Einzug von Podemos ins spanische Parlament
2016	Brexit-Referendum in Großbritannien und Wahlsieg von Donald Trump bei den Präsidentschaftswahlen in den USA

Abkürzungsverzeichnis

AfD	Alternative für Deutschland
ALBA	Alianza Bolivariana para los Pueblos de Nuestra América [Bolivarianische Allianz für die Völker unseres Amerikas]
ANEL	Anexártitoi Éllines [Unabhängige Griechen]
ANO	Akce nespokojených občanů [Aktion unzufriedener Bürger (Tschechien)]
ANO	Aliancia nového občana [Allianz des neuen Bürgers (Slowakei)]
BJP	Bharatiya Janata Party [Indische Volkspartei]
CDU	Christlich-Demokratische Union
DiEM25	Democracy in Europe Movement 2025
EFF	Economic Freedom Fighters
ELAM	Ethnikó Laikó Métopo [Nationale Volksfront (Zypern)]
EU	Europäische Union
FvD	Forum voor Democratie [Forum für Demokratie (Niederlande)]
FPÖ	Freiheitliche Partei Österreichs
LGBT	Lesbian, gay, bisexual, and transgender
MIÉP	Magyar Igazság és Élet Pártja [Ungarische Wahrheits- und Lebenspartei]
ND	Néa Dimokratía [Neue Demokratie (Griechenland)]
ODS	Občanská demokratická strana [Bürgerlich-Demokratische Partei (Tschechien)]
OĽaNO	Obyčajní ľudia a nezávislé osobnosti [Gewöhnliche Leute und unabhängige Personen (Slowakei)]
PASOK	Panellínio Sosialistikó Kínima [Panhellenische Sozialistische Bewegung (Griechenland)]
PDS	Partei des Demokratischen Sozialismus
PEGIDA	Patriotische Europäer gegen die Islamisierung des Abendlandes
PiS	Prawo i Sprawiedliwość [Recht und Gerechtigkeit (Polen)]

PRM	Partidul România Mare [Großrumänien-Partei]
SP	Socialistische Partij [Sozialistische Partei (Niederlande)]
US	United States
USA	United States of America
USR	Uniunea Salvaţi România [Union Rettet Rumänien]
VV	Věci veřejné [Öffentliche Angelegenheiten (Tschechien)]
WASG	Arbeit & soziale Gerechtigkeit – Die Wahlalternative

Der Begriff des Populismus

Zu Beginn wird erklärt, was es mit dem Begriff „Populismus“ auf sich hat: woher kommt er, was könnte damit gemeint sein und worüber sind sich die meisten Populismusforscher:innen heute einig. Durch die Diskussion verschiedener Begriffsbestimmungen wird bereits eine Brücke zu den Theorien des Populismus geschlagen.

Woher kommt der Begriff „Populismus“?

Der Begriff Populismus stammt aus dem lateinischen *populus* („Volk“). Im späten 19. Jahrhundert wurde das Prädikat → *populists* („Populisten“) von Anhänger:innen der → People's Party in den Vereinigten Staaten als Selbstbezeichnung aufgegriffen. Weitere Phänomene aus der Zeit wie die → *Narodnitschestwo*-Bewegung („Volkstum“) im russischen Zarenreich oder auch die Theorie der *lidovláda* („Volksmacht“) des tschechischen Unabhängigkeitsverfechters Tomáš Garrigue Masaryk werden in der internationalen Rezeption ebenfalls häufig als „Populismus“ übersetzt (→ siehe Kapitel zur Geschichte des Populismus). Gemeinsames Merkmal dieser Bewegungen war ihre zentrale Berufung auf ein ‚Volk‘ als Bezeichnung einer breiten, klassenübergreifenden Mehrheit der werktätigen Bevölkerung, insbesondere durch die Vorstellung eines Klassenbündnisses des Bauerntums mit Teilen des Industrieproletariats und der progressiv-urbanen Intelligenz. Somit hatte der Begriff des Populismus im Kontext des späten 19. Jahrhunderts eine nicht zuletzt agrarische Prägung in Abgrenzung von marxistischen und bürgerlichen Politikverständnissen. Dieser Bedeutungshorizont blieb bis in die Anfänge der internationalen Populismusforschung in den 1960er Jahren hinein maßgebend (→ Unterliegen die Begriffsbestimmungen von Populismus einem historischen Wandel?).

Eine auffällige Besonderheit des Populismusbegriffs bildet dessen breit standardisierter Charakter über Sprachräume hinweg. Insbesondere der englische Begriff *populism* hat sich unter Beibehaltung des lateinischen Stamms „popul-“ als Leihwort auch weit über die indoeuropäische Sprachfamilie hinaus eingebürgert: beispielsweise im Ungarischen („*populizmus*“), im Koreanischen („*popyulijeum*“) oder auch im Japanischen („*popyurizumu*“). Ausnahmen bilden etwa Chinesisch („*mín cuì zhǔ yì*“) und Griechisch („*laikismós*“), wo der lateinische Stamm *populus* in die eigene Sprache semantisch übersetzt und nicht direkt übernommen wird. Die global weit verbreitete Übernahme des Standardbegriffs „Populismus“ hat nicht zuletzt den Effekt, dass Populismus in vielen Ländern weniger mit etwaigen historischen Vorläufern aus der eigenen Geschichte (z. B. → Narodniki in Russland) assoziiert und vielmehr als rein zeitgenössische Erscheinung konnotiert ist.

Im deutschsprachigen Raum kennt der Populismusbegriff außer seiner etablierten Verwendung als Kampfbegriff keine nennenswerte Vorgeschichte. Sein rasanter Aufstieg in der jüngeren Vergangenheit ist zumindest indirekt mit dem im bundesdeutschen Kontext weit verbreiteten Extremismusbegriff verbunden: So argumentiert der Diskursforscher Jürgen Link, dass sich das gerade in der deutschen Öffentlichkeit besonders häufig bemühte Begriffskonstrukt „Rechtspopulismus" in den vergangenen zwei Jahrzehnten faktisch als abgemildertes Etikett für das, was zuvor als „Rechtsextremismus" gegolten hätte, normalisiert hat. Populismus und Extremismus werden im deutschsprachigen Kontext häufig als graduelle Abstufungen an Radikalität verstanden: Als „rechtspopulistisch" gelten demnach all jene Parteien, die rechts von den Konservativen stehen und gleichzeitig weniger rechts als offen neofaschistische Gruppierungen anmuten. Hier stellt sich die Frage, welchen Sinn der Populismusbegriff hat, wenn er lediglich als apriorischer Platzhalter für Radikalismus fungiert. Grundsätzlich muss es die Aufgabe einer wissenschaftlich fundierten Populismusforschung sein zu hinterfragen, anhand welcher Definitionsmerkmale sowie analytischen Kriterien von „Populismus" die Rede sein kann – und empirisch zu prüfen, inwiefern dann die Verwendung des Begriffs in Bezug auf diese oder jene Akteursgruppen im Einzelfall geeignet ist.

Literaturtipp | Zur jüngeren Begriffskarriere des Populismus im deutschsprachigen Raum siehe etwa: Link, J.: Populismus aus normalismus- und antagonismustheoretischer Sicht, in: Kim, S.; Agridopoulos, A. (Hrsg.), Populismus, Diskurs, Staat, Nomos 2020, S. 79–99.

Inwiefern ist Populismus ein sinnvoller Begriff?

Kaum ein Begriff ruft heute so viel Konfusion und inflationäre Verwendung hervor wie jener des Populismus. „Populisten" sind heute angeblich überall: Kaum eine politische Figur aus der ersten Reihe, von Christian Lindner und Friedrich Merz über Martin Schulz bis hin zu Sahra Wagenknecht – geschweige denn die Alternative für Deutschland (AfD) als Gesamtpartei –, ist in den vergangenen Jahren dem Vorwurf oder auch dem Verdacht entgangen, populistisch zu sein. Sowohl in der medialen Öffentlichkeit als auch in der wissenschaftlichen Literatur sind unscharfe Verwendungen des Populismusbegriffs immer wieder an der Tagesordnung: Häufig dient ‚Populismus' als diffuses Synonym für (meistens Rechts-)Radikalismus, Fremdenfeindlichkeit, autoritäre Tendenzen und/oder auch Proteststimmung im Allgemeinen. Manche Beobachter:innen argumentieren deshalb, dass der Populismusbegriff als analytische Kategorie grundsätzlich unbrauchbar (geworden) ist und lieber der Domäne politischer Kampfbegriffe überlassen werden sollte. Dennoch gibt es in der Forschung eine etablierte Geschichte theoretischer Konzeptualisierungs- und analytischer Anwendungsversuche, die zum Nachdenken über den Begriff des Populismus anregen und im Laufe dieses Bandes sukzessiv vorgestellt sowie vertieft werden.

Der typische Ausgangspunkt für eine Annäherung an den Begriff besteht in der Feststellung, dass Populismus (aus dem lateinischen *populus*) augenscheinlich etwas mit dem ‚Volk' zu tun hat. Wer ist aber ‚das Volk'? Ist es nicht der Anspruch jeder Demokratie und letztlich auch einer jeden politischen Kraft im demokratischen Wettbewerb, dass alle Gewalt vom ‚Volk' ausgehen soll? Wie lässt sich dann Populismus von anderen politischen Phänomenen sinnvoll abgrenzen? Warum sollten wir am Populismusbegriff überhaupt festhalten?

Auf diese Frage nach dem ‚Warum' – und damit einhergehend nach der Brauchbarkeit sowie Abgrenzbarkeit des Populismusbegriffs – gibt es grundsätzlich zwei Antwortmöglichkeiten aus der Geschichte der Populismusforschung. Die erste wäre, Populismus als objektiven Ausdruck einer oder mehrerer sozialstrukturell bestimmbarer Kerngruppen (z. B. das Bauerntum als das ‚wahre Volk') zu betrachten; die zweite wäre hingegen, Populismus als eine bestimmte Art und Weise aufzufassen, die offene und mehrdeutige Kategorie des ‚Volkes' mit Bedeutung zu füllen. Die erste Variante war in den Anfängen der modernen Populismusforschung in den 1960er Jahren maßgebend: Genauso wie die Arbeiterschaft im Sozialismus oder auch das Bürgertum im Liberalismus wurde die Bauernschaft tendenziell als jene Gruppe ausgemacht, die die soziale Kernbasis des Populismus ausmacht und ihren organisierten politischen Ausdruck in populistischen Parteien und Bewegungen findet. Nach der zweiten Antwortvariante hingegen, die sich spätestens seit Anfang der 2000er Jahre in der internationalen Populismusforschung zunehmend durchgesetzt hat, stellt das ‚Volk' im Populismus eine Konstruktion dar, die in Abgrenzung gegen eine wie auch immer ausgemachte → ‚Elite' verschiedenste Bedeutungen annehmen kann: sei es die unterprivilegierten Massen gegen die Superreichen, die unternehmerischen Individuen gegen einen übermächtigen Staatsapparat oder auch eine ethno-kulturelle Gemeinschaft gegen eine verräterische politische Klasse (→ siehe auch weitere Fragen in diesem Kapitel).

Aus der Perspektive jener Ansätze, die der zweitgenannten Antwortvariante zuzuordnen sind, bildet gerade die scheinbare Ambivalenz des Populismus ein produktives Definitionsmerkmal: Populismus kann sowohl aus dem linken als auch aus dem rechten Spektrum, sowohl aus ländlichen als auch aus städtischen Milieus und im Dienst verschiedenster politischer Ideologien und Ziele entstehen. Insofern kommt die schiere Allgegenwärtigkeit von Populismusvorwürfen quer durch das politische Spektrum auch nicht von ungefähr. Damit aber der Begriff des Populismus nicht zu einer schwammigen Leerformel verkommt, muss bei jedem Definitionsversuch rigoros gefragt werden, worin das Unterscheidungsmerkmal des Populismus in Abgrenzung von anderen politischen Phänomenen besteht (→ Welche Begriffsbestimmunen von Populismus gibt es?). Hierzu gibt es in der heutigen Populismusforschung diverse Ansätze, nicht zuletzt hinsichtlich der Frage, wie eng der Begriff überhaupt zu fassen ist. Die einen verstehen unter Populismus etwa eine tendenziell formelle Diskurslogik zur antagonistischen Grenzziehung zwischen Unten (→ ‚Volk') und Oben (→ ‚Elite'), die sich von anderen Grenzziehungsarten (etwa nationales ‚Innen' gegen fremdes ‚Außen' im → Nationalismus) unterscheiden lässt. Die anderen hingegen fassen Populismus als antidemokratischen Normenkomplex auf, der die zentrale Gegenüberstellung von ‚Volk' und ‚Elite' mit einer prinzipiellen Ablehnung legitimer politischer Gegnerschaft und der Erhebung einer Führungsfigur zum einzig legitimen Volksvertreter kombiniert. So gesehen rückt Populismus in die Nähe eines Gegenteils von (liberaler) Demokratie. Bei der Betrachtung all dieser Definitionsansätze in den Folgekapiteln wird die Frage „Warum Populismus?" (anstatt anderer Begriffe) unsere Überlegungen weiterführend begleiten.

Ist Populismus zwangsläufig mit dem Begriff des „Volkes" verbunden?

Dass Populismus in etymologischer Hinsicht einen Zusammenhang mit dem → Volksbegriff nahelegt, ist erst einmal ein guter Ausgangspunkt. Es gibt aber keinen lexikalischen Determinismus, der besagt, dass das aus vier

Buchstaben bestehende Wort „Volk" den einzig möglichen Bezugspunkt für Populismus bilden muss. Gerade die Übersetzung des lateinischen *populus* als „Volk" kann hier durchaus irreführend wirken, da der deutsche Begriff tendenziell mit der Implikation einer ethno-kulturellen (‚völkischen') Essenz konnotiert ist. Im Englischen hingegen bezeichnet *people* sowohl eine gemeinschaftliche Singularität im Sinne von „Volk" als auch die Pluralform von „Mensch", was bereits auf die Möglichkeit hindeutet, dass das Subjekt des Populismus genauso gut „die Menschen" oder „die Leute" heißen könnte. In mehreren romanischen Sprachen etwa bezeichnet das Äquivalent von „Volk" (*peuple*, *popolo*, *pueblo*, etc.) in der Regel zwar eine national abgegrenzte Gemeinschaft, aber seine adjektivierte Form ist tendenziell mit den unteren Schichten der Gesellschaft assoziiert (z. B. *classes populaires*, *clases populares* etc. – „populäre Klassen"). Diese Beispiele legen nahe, dass der Bedeutungshorizont um den Begriff des Populismus nicht nur mit Variationen je nach Länderkontext und Sprachraum einhergehen kann, sondern womöglich auch jenseits der engeren Konnotationen des deutschen Volksbegriffs gedacht werden muss.

Folgt man dem Gros der heutigen Populismusforschung, dreht sich Populismus nicht um ein spezifisches Wort, sondern um einen bestimmten Bedeutungszusammenhang: nämlich den Anspruch, die Gesamtheit einer wie auch immer ausgemachten Gemeinschaft aufzurufen, die aber im selben Zuge als blockiert und an der ihr zustehenden Machtausübung gehindert dargestellt wird. Neben dem Begriff „Volk" kann dieser Bedeutungszusammenhang mit einer ganzen Reihe von Bezeichnungen zum Ausdruck gebracht werden: sei es ‚die Menschen', ‚die einfachen Leute', ‚die Öffentlichkeit' oder auch ‚die 99 Prozent' (gegen das obere ‚1 Prozent'). Dabei sind die Sinnrelationen um die Besetzung dieser Begriffe entscheidend: An sich und auf sich alleine gestellt sind Begriffe wie „Menschen", „Öffentlichkeit" oder gar „Volk" alles andere als zwangsläufig populistisch. Vielmehr werden sie erst dann populistisch, wenn sie antagonistisch zu einem blockierenden Gegenüber ‚da oben' in Bezug gesetzt werden und damit zum Namen einer uneingelösten Gesamtheit avancieren. Anders gesagt: Kategorien wie ‚das Volk' und ‚die Menschen' können von jeder beliebigen politischen Kraft heraufbeschworen werden, aber nur Populisten berufen sich auf ein ‚Volk' gegen eine → ‚Elite'.

Somit ergibt sich eine mögliche Antwort auf die vorherige Frage in diesem Kapitel, wie Populismus von anderen Phänomenen sinnvoll abgegrenzt werden kann, wenn er vom Bezug zu einem Volkssubjekt gekennzeichnet ist. Die Berufung auf ein souveränes Volkssubjekt ist an sich gewissermaßen eine demokratiepolitische Banalität; die entscheidende Frage ist dabei, wogegen sie dann gewendet wird. Es ist nicht das auf der Reichstag-Fassade beschriftete Versprechen „Dem deutschen Volke", das populistisch ist, sondern vielmehr die Behauptung, dass dieses Versprechen gerade aufgrund der in jenem Gebäude vertretenen Kräfte nicht eingelöst wird. Populismus entsteht also aus der wahrgenommenen Kluft zwischen dem Ist- und Soll-Zustand der Demokratie, wie die politischen Theoretiker Dirk Jörke und Veith Selk argumentiert haben: Er aktiviert das demokratische Gründungsversprechen der Volkssouveränität immer wieder aufs Neue gegen etablierte Machtverhältnisse. Dieser demokratieimmanente Charakter des Populismus ist ein weiteres Merkmal, das von zahlreichen Definitionsansätzen aufgegriffen wird (→ Wie ist das Verhältnis von Populismus und Demokratie zu bewerten?). Aus manchen Theorieperspektiven bildet Populismus eine inhärente Möglichkeit innerhalb jeder Demokratie, sofern diese auf dem nie vollständig einlösbaren Versprechen der Volkssouveränität fußt.

Literaturtipps | Zur Mehrdeutigkeit des Volksbegriffs in historischer Perspektive siehe das Buch von Margaret Canovan: Canovan, M.: The People, Polity 2005.
Zur These von Dirk Jörke und Veith Selk siehe ihren Einführungsband: Jörke, D.; Selk, V.: Theorien des Populismus zur Einführung, Junius 2017.

Welche Begriffsbestimmungen von Populismus gibt es?

Der gemeinsame Nenner der meisten Populismusdefinitionen in der heutigen Forschung ist soweit bereits angerissen: die Zentralität einer Gegenüberstellung von Volkssubjekt gegen ‚die da oben', der Bezug zum demokratischen Versprechen und die ambivalente Stellung im Links-Rechts-Spektrum sind allesamt Merkmale, die sich in den verschiedensten Ansätzen zum Populismusbegriff wiederfinden. Dabei gibt es teilweise gewaltig unterschiedliche Vorstellungen bei der Frage, was für eine Art von Phänomen Populismus darstellt – sei es ein Diskurs,

eine Ideologie, eine Strategie oder ein Stilmittel – und wie eng er definitorisch zu fassen ist.
Der in der heutigen Populismusforschung am weitesten verbreitete Ansatz ist der sog. → ideelle (engl. *ideational approach*). Demnach stellt Populismus eine Ideologie bzw. einen Ideen- und Normenkomplex dar, der sich um die Vorstellung eines moralisch reinen → ‚Volkes' gegen eine korrupte → ‚Elite' dreht (→ siehe nächstes Kapitel zu den einzelnen Theorieansätzen). Ein weiterer etablierter Ansatz ist der → diskursive (engl. *discursive approach*), der Populismus als tendenziell formelle Diskurslogik zur antagonistischen Zweiteilung in ein Volkssubjekt ‚hier unten' und einen Machtblock ‚da oben' begreift. Neben diesen beiden besonders stark kanonisierten ‚Schulen' der heutigen Populismusforschung gibt es etwa den → stilistischen Ansatz, der Populismus als kulturell-performatives Stilmittel der Aufwertung ‚niedriger' Verhaltensnormen (‚schlechte Manieren') versteht. Hinzu kommt der → strategische Ansatz, der Populismus als führungszentrierte und personalistische Strategie zur Mobilisierung einer unorganisierten Massenanhängerschaft begreift. Diese Ansätze unterscheiden sich nicht nur in Bezug auf den konzeptuellen Status, den sie Populismus zuweisen – Diskurs, Ideologie, Stil oder Strategie –, sondern damit einhergehend auch hinsichtlich des analytisch-methodologischen Zugangs zur Erforschung von Populismus (→ Kapitel Methoden der Populismusforschung).
Eine zweite bedeutsame Unterscheidungslinie zwischen den verschiedenen Paradigmen der Populismusforschung verdichtet sich hinsichtlich der Frage, wie eng bzw. breit der Populismusbegriff ausgelegt wird. Der Minimalkonsens unter allen genannten Definitionsansätzen besteht erst einmal darin, dass es im Populismus um die Konstruktion eines Volkssubjekts ‚hier unten' gegen ‚die da oben' geht. Bereits hier machen sich jedoch unterschiedliche Nuancen bemerkbar: Nach dem → stilistischen Ansatz etwa bezieht sich die Gegenüberstellung von ‚Oben' und ‚Unten' vor allem auf kulturellen Habitus und Verhaltensnormen, nach dem strategischen hingegen auf Positionierung außerhalb des institutionalisierten Politikbetriebs. Das Gros der ideellen Populismusforschung geht über den genannten Minimalkonsens hinaus, indem Populismus als Konstruktion nicht nur von ‚Volk' gegen ‚Elite', sondern eines als moralisch rein und homogen ausgemachten ‚Volkes' gegen eine als moralisch korrupt und ebenfalls homogen empfundene ‚Elite'

definiert wird. In manchen ideellen Theorien wird noch zusätzlich vorausgesetzt, dass Populismus einen zwangsläufig antidemokratischen Charakter hat, indem die Legitimität politischer Gegner abgelehnt und das ‚Volk' als exklusive Domäne einer einzigen Führungsfigur konstruiert wird. In diesen Beispielen zeigt sich, wie die Grenzen des Begriffs unterschiedlich gezogen werden und hieraus wiederum auch normativ gegensätzliche Positionen und Implikationen zu Streitfragen wie dem Verhältnis von Populismus und Demokratie folgen (→ siehe dazu etwa die Fragen am Ende des nächsten Kapitels).

Was haben heutige Begriffsbestimmungen von Populismus gemeinsam?

Als zentrale Gemeinsamkeit der genannten Populismusdefinitionen bleibt festzuhalten, dass die antagonistische Gegenüberstellung von → ‚Volk' gegen → ‚Elite' einen zentralen (wenn auch nicht unbedingt den einzigen) Definitionskern des Populismus bildet. Daraus folgen wiederum einige konzeptuelle Implikationen, die zu diesem Minimalkonsens innerhalb der Populismusforschung gehören und heutige Begriffsbestimmungen teilweise von jenen vor einem halben Jahrhundert unterscheiden.
Erstens sind die Kategorien ‚Volk' und ‚Elite' grundsätzlich eine Frage der Konstruktion: Sie können auf höchst unterschiedliche Art und Weise von unterschiedlichen Akteursgruppen besetzt und mit Bedeutung geprägt werden. Heutige Populismusdefinitionen gehen nicht davon aus, dass das ‚Volk' im Populismus mit bestimmten soziostrukturellen Gruppenkategorien korrespondiert – sei es ‚die Arbeiter', ‚die Bauer' oder gar die ethnische ‚Nation' –, sondern dass es von Fall zu Fall unterschiedlich sein kann, wer als dazugehörig aufgerufen wird. Das entscheidende Kriterium dabei ist die antagonistische In-Bezug-Setzung von einem Volkssubjekt ‚hier unten' gegen ‚die da oben'. Diese Oben-Unten-Logik kann in verschiedenste Richtungen gewendet werden: Ein Milliardär wie Donald Trump behauptet etwa, als Unternehmer auf der Seite des hart arbeitenden „Volkes" gegen „die Politikerklasse" da oben zu stehen,

wohingegen ein Politiker wie Bernie Sanders argumentiert, dass Politiker:innen wie er auf der Seite des ausgebeuteten, werktätigen „Volkes" gegen die ausbeuterische „Milliardärklasse" da oben stehen. Migrant:innen, LGBT-Menschen und sonstige Minderheiten können genauso gut als Teil des ‚Volkes' aufgerufen oder auch von diesem ausgeschlossen werden. Es wäre falsch anzunehmen, dass rechtsnationalistische oder auch -autoritäre Kräfte automatisch auch populistisch sind, wie in der öffentlichen Wahrnehmung hierzulande oft projiziert wird: In vielen Fällen treten rechte Parteien kaum populistisch auf, während gerade ihre Gegner:innen sich Populismus aneignen können. Man denke an die erste Runde der französischen Präsidentschaftswahlen 2017, als Emmanuel Macron an „das Volk" gegen „das System" der etablierten Parteien appellierte und gleichzeitig für liberaldemokratische Werte sowie eine wirtschaftsliberale Agenda eintrat, wohingegen Marine Le Pen mit einer nationalistischen Kulturkampfrhetorik im Namen der „Patrioten" gegen die „Globalisten" auftrat.

Zweitens – und damit einhergehend – muss Populismus grundsätzlich situativ erfasst werden und darf nicht als bloß intuitives Etikett für ‚die üblichen Verdächtigen' vergeben werden. Es ist gut denkbar, dass eine beliebige Partei oder Bewegung in dem einen Moment populistisch auftritt und im nächsten dies nicht mehr tut. Das Beispiel Le Pen legt nahe, dass der häufig als „rechtspopulistisch" bezeichnete Front National bei den Präsidentschaftswahlen 2017 doch kaum populistisch auftrat; eine Regressionsanalyse durchzuführen, in dem die Partei auch für den Datenpunkt 2017 als „(rechts-)populistisch" aufgeführt wird, wäre insofern irreführend und ignorant. Auch das Beispiel Macron braucht eine differenzierte Betrachtung, denn nach der ersten Runde der Präsidentschaftswahlen 2017 verschwanden populistische Appelle weitgehend von der Wahlkampfrhetorik Macrons. Dass Populismus einen solchen situativen Charakter hat und nicht als essenzieller Kern dieser oder jener Parteien angenommen werden kann, hängt wiederum mit seinem „dünnen" Charakter zusammen, wie Vertreter:innen des → ideellen Theorieansatzes wie Cas Mudde es nennen: Populismus ist kein ausgefeiltes, stabiles Ideensystem wie Konservatismus, Liberalismus oder Sozialismus, sondern ein beschränkteres Geflecht von Elementen wie ‚Volk', ‚Elite' und ‚Volkssouveränität' – eine „Reihe diskursiver Ressourcen" in den Worten des Diskurstheoretikers Ernesto Laclau

(2005: 176) –, die von ganz unterschiedlichen Akteur:innen aufgegriffen werden können und zu bestimmten Zeitpunkten im Politikangebot einer beliebigen Gruppierung kommen oder gehen dürfen. Im Gegensatz dazu lässt sich grundsätzlich einfacher von grünen, konservativen, liberalen oder auch sozialdemokratischen Parteien sprechen, die ihre jeweiligen Titularideologien im Rahmen von Grundsatzprogrammen, Erklärungen u. Ä. verankert haben und bezüglich eines solchen leitenden Ideensystems in der Regel keine große Varianz über die Zeit aufweisen.

Unterliegen die Begriffsbestimmungen von Populismus einem historischen Wandel?

Das Feld der Populismusforschung hat eine längere Geschichte als die vier genannten Definitionsansätze und ist insbesondere in den letzten zwei bis drei Jahrzehnten von einem grundlegenden Wandel geprägt. In den Anfängen der modernen Populismusforschung in den 1960er Jahren war eine objektivistische Tendenz maßgebend: Damals gingen die meisten Forschenden davon aus, dass Populismus auf eine soziostrukturelle Basis objektiv zurückgeführt werden kann und dass insofern auch das ‚Volk', auf das sich Populisten berufen, mit einer oder mehreren gesellschaftlichen Kerngruppen entsprechend korrespondiert. Hierfür war das Bauerntum eine beliebte Wahl: Ähnlich wie die Arbeiterschaft im Sozialismus oder auch das Bürgertum im Liberalismus wurde die Bauernschaft tendenziell als jene Gruppe herausgegriffen, die das Subjekt des Populismus per Definition ausmacht. Im 1969 erschienenen Tagungsband „Populism: Its Meaning and National Characteristics", der auf einer internationalen Tagung hochrangiger Expert:innen aus aller Welt an der London School of Economics basiert, wurde die Frage nach der ‚wahren' sozialen Basis des Populismus rege diskutiert. In ihrer Einleitung fassten die Herausgeber:innen Ghiţa Ionescu und Ernest Gellner (1969: 4) den allgemeinen Tenor so zusammen: Wenn es im Populismus augenscheinlich um „das Volk" und insbesondere um „die Erbärmlichsten" innerhalb des Volkes geht, dann kann dies nur das Bauerntum sein – „die Erbärmlichsten von allen".

Spätestens seit Anfang der 2000er Jahre – u. a. mit den einflussreichen Beiträgen von Margaret Canovan, Ernesto Laclau und Cas Mudde – hat das Gros der Populismusforschung mit dieser objektivistischen Perspektive gebrochen und das Definitionsmerkmal des Populismus in der variablen Konstruktion des ‚Volkes' und nicht in dessen soziostrukturelle Rückführbarkeit verortet. Populismus stellt eine Art und Weise dar, den Begriff des ‚Volkes' als Schlüsselkategorie demokratischer Politik zu aktivieren und gegen ‚die da oben' zu wenden, was wiederum mit verschiedensten inhaltlichen Bestimmungen einhergehen kann. Somit hat sich nicht zuletzt das Prisma verschoben, mit dem Populismus und politische Phänomene im Allgemeinen betrachtet werden: von objektivistisch zu konstruktivistisch, vom → ‚Volk' als soziologisch extrahierbarer Kategorie hin zum ‚Volk' als politischem Konstrukt mit umkämpfter Bedeutung. Auch das Forschungsinteresse verschiebt sich von der Suche nach objektiv bestimmbaren sozialen Grundlagen hin zur Frage nach den Bedeutungszusammenhängen hinter der Konstruktion von Kategorien wie ‚Volk' und → ‚Elite'. Dies bedeutet ausdrücklich nicht, dass so etwas wie Sozialstrukturanalyse in Bezug auf Populismus grundsätzlich fehl am Platz ist, sondern dass sich soziostrukturelle Merkmale für Populismus kaum apriorisch per Definition voraussetzen lassen. Das Tauziehen zwischen objektivistischer Reduktion und konstruktivistischer Öffnung des Populismusbegriffs ist auch in heutigen Diskussionen bemerkbar, beispielsweise wenn es um die Frage nach Erklärungsfaktoren für die Entstehung des Populismus geht (→ Warum entsteht Populismus in modernen Gesellschaften?).

Literaturtipps | Siehe den besagten Tagungsband, der für die Anfänge der modernen Populismusforschung prägend war: Ionescu, G.; Gellner, E. (Hrsg.), Populism: Its Meaning and National Characteristics, Macmillan 1969.

Zur These der konstruktivistischen Verschiebung in der modernen Populismusforschung siehe etwa: Kim, S.: Taking Stock of the Field of Populism Research: Are Ideational Approaches „Moralistic" and Post-Foundational Discursive Approaches „Normative"?, in: Politics, 42, 4, 2022, S. 492–504.

Inwiefern unterscheiden sich wissenschaftliche Begriffsbestimmungen vom alltäglichen Gebrauch des Populismusbegriffs?

Die bisher genannten Begriffsbestimmungen von Populismus mögen in der wissenschaftlichen Diskussion zwar geläufig sein, scheinen aber vom alltagsverständlichen Gebrauch um einiges entfernt zu sein. Laut Duden-Eintrag wird „Populismus“ etwa folgendermaßen definiert: „von Opportunismus geprägte, volksnahe, oft demagogische Politik, die das Ziel hat, durch Dramatisierung der politischen Lage die Gunst der Massen (im Hinblick auf Wahlen) zu gewinnen“. Hier kommen mehrere Elemente zusammen, die mit einem intuitiven und umgangssprachlichen Verständnis von Populismus übereinstimmen dürften: Volksnähe, Demagogie, Popularitätsmaximierung sowie damit einhergehend eine gehörige Portion Opportunismus.

In so gut wie allen Begriffsbestimmungen von Populismus wird die Nähe zu einem wie auch immer ausgemachten ‚Volk‘ als grundlegendes Definitionsmerkmal vorausgesetzt. Bei den anderen Elementen hingegen – Demagogie, Opportunismus, Popularitätsmaximierung – ist es grundsätzlich fragwürdig, ob solche Begriffe in definitorischer und analytischer Hinsicht geeignet sind (→ Was macht eine Theorie des Populismus aus?). Wie zieht man eine sinnvolle Grenze zwischen Demagogie und Nicht-Demagogie? Welche:r Politiker:in will denn „die Gunst der Massen“ nicht erreichen und die eigene Popularität nicht erhöhen? Es handelt sich hierbei weniger um analytische als um wertende Kategorien, die einen vermeintlichen (nicht-populistischen) Normalzustand voraussetzen, wo Politik irgendwie befreit von „Demagogie“, „Opportunismus“ oder auch Rücksicht auf die eigene „Popularität“ auskommen soll. So gesehen fungiert der Begriff „Populismus“ vor allem als Symptom, wie es der Philosoph Benjamin Arditi nannte: als leichtes Etikett für all das, was man aus der Welt schaffen möchte, obwohl die (politische) Welt ohne es doch kaum denkbar ist.

Dass Populismus im Alltagsbewusstsein vor allem als negativ aufgeladener Kampfbegriff bekannt ist, kommt nicht von ungefähr und ist auch nicht dem Duden anzukreiden. In diesem Zusammenhang rückt die Rolle des → Antipopulismus in den Mittelpunkt, der im letzten Kapitel dieses Bandes näher beleuchtet wird (→ Kapitel Antipopulismus). Es ist eine Besonderheit des Populismus, dass dieser weder ein eigenes Gründungsmanifest noch eine Internationale vorweisen kann: Es war fast ausschließlich den Antipopulisten überlassen, die Geschichte des Populismus zu schreiben und Populismus zum Gegenstand öffentlicher Debatte zu machen. So gesehen hat der Begriff „Populismus“ grundsätzlich mehrere Identitäten: einerseits als analytische Kategorie, die von Forschenden nach bestimmten Kriterien theoretisiert und angewendet wird; andererseits als Kampfbegriff, der nicht zuletzt ein historisch gewachsenes Produkt antipopulistischer Prägungen ist. Diese doppelte Perspektive ist nicht zuletzt wichtig, um die offenbare Kluft zwischen fachlichen Begriffsbestimmungen und dem alltagsverständlichen Gebrauch des Populismusbegriffs zu berücksichtigen und als Gegenstand der Populismusforschung selbst aufzunehmen, indem beispielsweise Antipopulismus als ein für Populismus mitprägendes Phänomen untersucht wird.

Literaturtipps | Zur Symptom-These von Benjamin Arditi siehe: Arditi, B.: Populism as an Internal Periphery of Democratic Politics, in: Panizza, F. (Hrsg.), Populism and the Mirror of Democracy, Verso 2005, S. 72–98, sowie: Arditi, B.: Politics on the Edges of Liberalism: Difference, Populism, Revolution, Agitation, Edinburgh University Press 2007.

Theorien des Populismus

Zahlreiche Wissenschaftler:innen haben sich mit dem Phänomen des Populismus beschäftigt und Theorien dazu aufgestellt. Vier besonders einflussreiche Theorieansätze werden in diesem Kapitel vorgestellt und ihre Definitionselemente aufgezeigt.

Was macht eine Theorie des Populismus aus?

Es gibt zahlreiche Begriffsbestimmungen des Populismus, die für sich den Anspruch erheben, eine Theorie des Phänomens zu präsentieren. Doch was macht eine Theorie des Populismus eigentlich aus? Welche Elemente muss sie aufweisen, um als solche unsere Aufmerksamkeit verdient zu haben – gerade mit Blick auf die scheinbare Fülle an Theoretisierungsversuchen, die in heutigen Diskussionen über Populismus kursieren?

Jede Populismustheorie braucht grundsätzlich eine Definition, die gleich mehrere Fragen beantworten vermag:

1. Was für eine Art von Phänomen ist Populismus?
2. Welche konstitutiven Merkmale hat er und wie hängen diese miteinander zusammen?
3. Und nicht zuletzt: Wie lässt sich Populismus von anderen Phänomenen abgrenzen? Gibt es etwa einen konzeptuellen Gegenpol zu Populismus entlang einer oder mehrerer definitorischen Dimensionen?

Es handelt sich hierbei um Fragen, die im ersten Kapitel bereits angerissen wurden, da sie für jegliche Annäherung an den Begriff des Populismus von grundlegender Bedeutung sind. Jene Theorien des Populismus, die in der Forschungslandschaft besonders einflussreiche Wirkung entfaltet haben, zeichnen sich nicht zuletzt dadurch aus, kohärente Antworten auf all diese Fragen zu liefern und dadurch eine theoretisch sowie analytisch ineinandergreifende Grundlage für empirische Forschung bilden zu können.

Die erste der oben genannten Fragen richtet sich an den konzeptuellen Status des Populismus: sei es beispielsweise als Diskurs, Ideologie, Stilmittel oder Strategie. Die Auswahl einer solchen Kategoriebezeichnung setzt wiederum ein theoretisches Terrain voraus, auf dem Populismus entsprechend verortet werden kann. Versteht man Populismus beispielsweise als Ideologie, so muss man wiederum ein allgemeines Verständnis dessen vorweisen können, was eine Ideologie grundsätzlich ausmacht und anhand welcher Merkmale sich populistische etwa von liberaler, nationalistischer oder auch sozialistischer Ideologie unterscheiden lässt.

Somit geht die Frage, um was für eine Art von Phänomen es sich bei Populismus handelt, in jene nach den konstitutiven Definitionsmerkmalen über: Die Beantwortung der zweiten Frage setzt ein theoretisches Vokabular voraus, das bereits die Antwort auf die erste Frage mit sich bringt.

Auf dem gewählten Terrain muss jede Populismustheorie wiederum konzeptuelle Abgrenzungen zwischen Populismus und anderen Phänomenen – sprich anderen Diskursen, Ideologien, Stilmitteln oder Strategien – treffen können. Wie und anhand welcher definitorischen Elemente lässt sich Populismus von dem unterscheiden, was nicht Populismus ist? An dieser banal anmutenden Frage scheitern bereits zahlreiche mediale sowie (populär-)wissenschaftliche Vorstellungen von Populismus etwa als unverantwortlicher Fiskalpolitik, als demagogischer Form politischer Führung oder auch als vereinfachendem und popularitätsmaximierendem Politikstil. Erstens ist es grundsätzlich fragwürdig, ob Begriffe wie ‚unverantwortlich' oder ‚demagogisch' als analytische Kategorien (und nicht bloß als politische Kampfbegriffe) geeignet sind: Ab welchem Punkt ist eine Politik verantwortlich oder unverantwortlich, demagogisch oder nicht-demagogisch? Welche:r Politiker:in will denn nicht ‚populär' sein? Woran macht man eine ‚popularitätsmaximierende' Intentionalität fest, ohne in den Kopf eines Menschen schauen zu können? Bei solchen Zuschreibungen muss immer hinterfragt werden, wie deren Gegenteil überhaupt aussehen würde: Inwiefern ist es theoretisch sinnergebend und/oder analytisch plausibel, von einer objektiv ‚verantwortlichen' bzw. nicht auf ‚Popularität' ausgerichteten Form von Politik zu sprechen? Wenn Populismus ‚vereinfachend' sein soll, was würde es dann bedeuten, dass eine Politik nicht vereinfachend bzw. im Gegenteil irgendwie komplexitätsgerecht ist?

In diesem Kapitel stehen insbesondere vier Theorien aus der heutigen Populismusforschung im Mittelpunkt, die sich als anerkannte Forschungsparadigmen etabliert haben und dabei unterschiedliche Antworten auf die genannten Fragencluster geben. Im Folgenden werden die vier Theorieansätze mit Blick auf diese Fragen sukzessiv vorgestellt.

Was besagt der diskursive Theorieansatz?

In der heutigen Populismusforschung ist der sog. diskursive Theorieansatz (engl. *discursive approach*) am ehesten mit all jenen Perspektiven konnotiert, die auf die einflussreiche Populismustheorie des britisch-argentinischen politischen Theoretikers und Philosophen Ernesto Laclau zurückgehen. Auch wenn sich Populismusforscher aus ganz anderen Denkrichtungen das Prädikat ‚diskursiv' angeeignet haben – beispielsweise der US-amerikanische Politologe Kirk Hawkins und teilweise auch der deutsche politische Theoretiker Jan-Werner Müller –, werden die genannten Beispiele vor allem dem ideellen Paradigma (→ Was ist der ideelle Theorieansatz?) zugeordnet. Laclaus Beitrag zu Theorien des Populismus lässt sich in zwei Phasen unterteilen: In einer ersten, strukturalistisch-marxistischen Phase in den 1970er Jahren fasste Laclau Populismus als ideologisches Mittel zur Umdeutung von Klassenwidersprüchen auf, wohingegen die zweite, breiter rezipierte Phase in seinem späteren Werk von einer expliziter diskurstheoretischen Ausrichtung gekennzeichnet ist.

In seinem 2005 erschienenen Buch „On Populist Reason" versteht Laclau Populismus als formelle Diskurslogik zur Konstruktion eines Volkssubjekts in antagonistischer Abgrenzung gegen einen Machtblock. Nach Laclau dreht sich Politik grundsätzlich um diskursive Deutungskämpfe um die Konstruktion sozialer Ordnung: Demnach wird ein Diskurs dann hegemonial, wenn die eigenen Deutungsmuster von Gesellschaft durch andere Diskurse reproduziert und in Form instituierter Arrangements (z. B. politische Institutionen oder auch zivilgesellschaftliche Verbände) verstetigt werden. Populismus bildet erst einmal eine Art und Weise, diskursiv in solche Hegemoniekämpfe zu intervenieren: nämlich durch die antagonistische Gegenüberstellung von ‚Volk' als Name eines Ganzen gegen ‚die da oben', die dessen Entfaltung angeblich blockieren. Sofern Hegemonie für Laclau grundsätzlich die konflikthafte Aushandlung des Allgemeinen bezeichnet, stellt Populismus demnach die hegemoniale Logik schlechthin dar, die die Gesamtheit eines Volkssubjekts gegen ‚die da oben' aufruft und somit das demokratische Versprechen der Volkssouveränität gegen instituierte Machtkonstellationen wendet.

Als formelle Diskurslogik bildet Populismus den konzeptuellen Gegenpol dessen, was Laclau Institutionalismus nennt. Demnach operiert Populismus durch eine möglichst breite Bündelung von Forderungen um eine umfassende kollektive Identität (→ ‚Volk'), die wiederum ein antagonistisches

Gegenüber braucht (→ ‚Elite'). Dahingegen wird im Institutionalismus jede Forderung auf ihre Partikularität reduziert, so dass die Entstehung einer antagonistischen Gegenüberstellung kollektiver Identitäten tendenziell verhindert wird. Ein Paradebeispiel für Institutionalismus in diesem Sinne wäre die Art und Weise, wie Angela Merkel als Bundeskanzlerin einzelne Politikforderungen der parlamentarischen Oppositionsparteien übernahm (z. B. Atomausstieg, Mindestlohn, Rente mit 63), um die kollektive Bündelung von Forderungen gegen ihre Regierungspolitik zu verhindern. Als Beispiel für Populismus im Sinne Laclaus böte sich im deutschen Kontext der Diskurs der Linkspartei an, der im Namen der „Menschen" bzw. „aller Menschen" an ein breites kollektives Subjekt gegen mächtige wirtschaftliche Interessen appelliert („Profitinteressen", „die Banken und Konzerne", „mächtige Lobbys").

Dieser Theorieansatz hat ein Forschungsparadigma hervorgebracht, nach dem Populismus diskursanalytisch hinsichtlich der Konstruktion des Volkssubjekts und dessen Gegenübers untersucht wird (↠ Wie analysiert man Populismus als Diskurs?). Beiträge zu dieser Literatur haben weiterführende konzeptuelle Verfeinerungen mit Blick auf die Unterscheidbarkeit von Populismus und anderen Diskurstypen unternommen. Beispielsweise argumentieren die Diskursforscher Benjamin De Cleen und Yannis Stavrakakis, dass Populismus eine bestimmte „diskursive Architektonik" aufweist und sich in dieser Hinsicht vom → Nationalismus unterscheiden lässt: Demnach basiert Populismus auf der Konstruktion eines Oben-Unten-Gegensatzes zwischen einem Volkssubjekt und einem Machtblock (‚die da oben'), wohingegen Nationalismus einen Innen-Außen-Gegensatz zwischen einem nationalen ‚Volk' und einem fremden Außen aufruft. Somit wird Populismus als tendenziell formelle Diskurslogik verstanden, die sich zwar von anderen Diskurstypen konzeptuell unterscheiden, dabei aber empirisch in Kombination mit diesen treten können. Bei dieser Weiterentwicklung des diskursiven Theorieansatzes handelt es sich nicht zuletzt auch um einen Beitrag zur Debatte über das Verhältnis von Populismus und → Nationalismus (↠ Ist Populismus zwangsläufig nationalistisch?).

Literaturtipps | Als Grundlagetext des diskursiven Theorieansatzes siehe: Laclau, E.: On Populist Reason, Verso 2005, sowie in komprimierter Fassung: Laclau, E.: Warum Populismus, in: Marchart, O. (Hrsg.),

Ordnungen des Politischen. Einsätze und Wirkungen der Hegemonietheorie Ernesto Laclaus, Springer VS 2017, S. 233–240.
Für kritische Diskussionen rund um die Theorie Laclaus siehe etwa: Stavrakakis, Y.: Antinomies of Formalism: Laclau's Theory of Populism and the Lessons from Religious Populism in Greece, in: Journal of Political Ideologies, 9, 3, 2004, S. 253–267, sowie Arditi, B.: Review Essay: Populism is Hegemony is Politics? On Ernesto Laclau's *On Populist Reason*, in: Constellations, 17, 3, 2010, S. 488–497.
Zur Architektonik-These als Weiterentwicklung dieses Theorieansatzes siehe: De Cleen, B., Stavrakakis. Y.: Distinctions and Articulations: A Discourse Theoretical Framework for the Study of Populism and Nationalism, in: Javnost – The Public 24, 4, 2017, S. 301–319.

Was besagt der ideelle Theorieansatz?

In der Populismusforschung wird der sog. → ideelle Theorieansatz (engl. *ideational approach*) auf das einflussreiche Werk des niederländischen Politologen und Rechtsextremismusforschers Cas Mudde zurückgeführt. Dabei ist Mudde nicht der erste, der Populismus als Ideologie theoretisierte: Man denke beispielsweise an die britische politische Theoretikerin Margaret Canovan, die in ihren späteren Schriften Populismus als „Ideologie der Demokratie" im Sinne einer Reaktivierung des demokratischen Versprechens der Volkssouveränität bezeichnet (→ Wie ist das Verhältnis von Populismus und Demokratie zu bewerten?). In Anlehnung an Muddes sog. minimale Definition des Populismus ist allerdings eine besonders umfangreiche Forschungsliteratur entstanden, zu deren theoretischen Weiterentwicklung u. a. die Politologen Kirk Hawkins, Cristóbal Rovira Kaltwasser und Ben Stanley (teilweise in Zusammenarbeit mit Mudde selbst) beigetragen haben.

In seinem vielzitierten Aufsatz „The Populist Zeitgeist" (2004) versteht Mudde Populismus als („dünne") Ideologie im Sinne Michael Freedens. Jede Ideologie weist demnach eine morphologische Struktur auf und besteht aus einem Beziehungsgeflecht von Kernbegriffen: Beispielsweise wird im Liberalismus der Kernbegriff „Freiheit" zu „Bürgerrechten", „Märkten", „Medien" etc. in Bezug gesetzt. Im Fall von Populismus sind die Kernbegriffe laut Mudde → „Volk" gegen → „Elite" sowie „Souveränität" und „Allgemeinwille" des „Volkes": Durch dieses ideologische Beziehungsgeflecht entsteht ein Bild der Gesellschaft als Kampffeld zwischen einem als moralisch rein und homogen ausgemachten „Volk“ einerseits, dessen „Allgemeinwille“ sich in der Politik durchsetzen muss, und einer als korrupt und ebenso homogen empfundenen „Elite“ andererseits. Durch diese moralische Aufladung weist Populismus im Sinne Muddes einen manichäischen und monistischen Charakter auf: Das „Volk“ und die „Elite“ werden jeweils als inhärent gut bzw. böse und als monolithische Blöcke verstanden, die sich unversöhnlich gegenüberstehen. In diesem Sinne versteht Mudde Populismus als doppelter Gegenpol des → Pluralismus einerseits und des Elitismus andererseits: Demnach bildet Pluralismus mit seiner differenzierten und heterogenen Vorstellung der Gesellschaft einen Gegensatz zum monistischen Weltbild von Populismus, wohingegen Elitismus manichäisch und monistisch im umgekehrten Sinne von Populismus ist – etwa im Namen einer korrekten „Elite“ gegen ein pöbelhaftes „Volk“.

So gesehen weist Populismus erst einmal genauso wie andere Ideologien eine eigene Begriffs- und Sinnstruktur auf, die ihn definitorisch kennzeichnet. Dabei versteht Mudde populistische Ideologie insofern als „dünn“, da sie – anders als etwa Konservatismus, Liberalismus und Sozialismus – auf einem begrenzten Begriffskern beruht und deshalb auf Kombinationen mit „dickeren“ Gastideologien angewiesen ist, die ihr jeweils einen unterschiedlich flektierten ideologischen (etwa Links- oder Rechts-)Charakter verleihen können. Anders gesagt: Die Berufung auf ein reines „Volk“ und dessen Allgemeinwillen gegen eine korrupte „Elite“ sagt an sich genommen wenig über die inhaltlich-programmatische Ausrichtung aus. Erst durch die zusätzliche ideologische Füllung solcher Kategorien nimmt Populismus aussagekräftige Konturen an: sei es unter Berufung auf ein werktätiges „Volk“ gegen eine wirtschaftlich mächtige „Elite“ (→ Linkspopulismus) oder auch im Namen eines ethnisch definierten „Volkes“ gegen eine für Masseneinwanderung verantwortlich gemachte „Elite“ (Rechts- bzw. völkisch-nationalistischer Populismus).

Der ideelle Theorieansatz in Anlehnung an Mudde hat sich inzwischen als das in der heutigen Populismusforschung am weitesten verbreitete Paradigma etabliert und methodologisch vielfältige Anwendungsversuche nach sich gezogen. Dabei lässt sich in jüngster Zeit ein Trend hin zu quantitativen, umfragebasierten Forschungsansätzen auf der individuellen Einstellungsebene beobachten (→ Wie analysiert man Populismus als Ideologie?). Wie sich ein ideelles Populismusverständnis methodologisch am besten anwenden lässt, ist eine Frage, die im nächsten Kapitel ausführlicher behandelt wird.

Auf theoretischer Ebene weist das ideelle Paradigma im breiten Sinne eine innere Heterogenität auf. Als eigenständige Denkrichtungen lässt sich neben Canovans Werk zu Populismus als demokratieimmanter Ideologie beispielsweise auch die hierzulande besonders einflussreich gewordene Theorie Jan-Werner Müllers hinzuzählen. Müller versteht Populismus als moralische Vorstellung eines homogenen „Volkes" gegen eine korrupte „Elite", wobei das „Volk" als exklusive Repräsentationsdomäne einer Partei bzw. Führungsfigur ausgemacht wird, die als einzig legitimer Volksvertreter auftritt. So gesehen stellt Populismus ein zwangsläufig antidemokratisches Phänomen dar: Die Legitimität jeglicher politischer Opposition sowie institutioneller Machtkontrollen gegen den vermeintlich einzig legitimen Volksvertreter wird grundsätzlich abgelehnt. Hierin unterscheidet sich Müllers Theorie vom Ansatz Muddes, der Populismus als nicht unbedingt antidemokratisch, sondern vielmehr als ambivalent im Verhältnis zur (liberalen) Demokratie auffasst (→ Wie ist das Verhältnis von Populismus umd Demokratie zu bewerten?).

Literaturtipps | Als Grundlagentexte von Mudde siehe: Mudde, C.: The Populist Zeitgeist, in: Government and Opposition, 39, 4, 2004, S. 541–563, sowie: Mudde, C.: Populism: An Ideational Approach, in: Rovira Kaltwasser, C. et al. (Hrsg.), The Oxford Handbook of Populism, Oxford University Press 2017, S. 27–47.
Zur Vorarbeit Canovans zu Populismus als Ideologie siehe auch: Canovan, M.: Taking Politics to the People: Populism as the Ideology of Democracy, in: Mény, Y.; Saurel, Y. (Hrsg.), Democracies and the Populist Challenge, Palgrave Macmillan 2002, S. 25–44.
Zur Populismustheorie Müllers siehe folgendes Buch: Müller, J.-W.: Was ist Populismus? Suhrkamp 2016.
Für weitere Beiträge zu diesem Theorieansatz siehe auch: Hawkins, K.: Is Chávez Populist? Measuring Populist Discourse in Comparative Perspective, in: Comparative Political Studies 42, 8, 2005, S. 1040–1067; Stanley, B.: The Thin Ideology of Populism, in: Journal of Political Ideologies, 13, 1, 2008, S. 95–110; Mudde, C.; Rovira Kaltwasser, C.: Populism: A Very Short Introduction, Oxford University Press 2017.

Was besagt der stilistische Theorieansatz?

Beim stilistischen bzw. stilistisch-performativen Theorieansatz sind die maßgeblichen Bezugspunkte die Schriften der Politologen Pierre Ostiguy und Benjamin Moffitt. Ostiguy führte in einem 2009 erschienenen Aufsatz das Konzept einer kulturellen Niedrig-Hoch-Achse ein, um Populismus als Inszenierung kulturell ‚niedriger' Verhaltensnormen aufzufassen. Ausgehend von den Erfahrungen mit lateinamerikanischen Populismen (insbesondere Peronismus in Argentinien) versteht Ostiguy die kulturelle Niedrig-Hoch-Achse als eigenständige politische Konfliktlinie neben dem geläufigen Links-Rechts-Spektrum, entlang derer ‚volksnahe', personalistisch organisierte und plebejisch auftretende populistische Kräfte ihren elitären, institutionalisierten und verhaltensmäßig ‚raffinierten' Kontrahenten gegenüberstehen. Bei dieser Gegenüberstellung ‚niedriger' und ‚hoher' Verhaltensnormen geht es nicht nur um die Art und Weise, wie politische Figuren reden, in Parlamenten und Talkshows auftreten und wie schick sie angezogen sind, sondern auch (im Fall von Populismus etwa) um die Politisierung solcher Distinktionsmerkmale hin zur Selbstpositionierung auf der Seite des → ‚Volkes' gegen die → ‚Elite'. Laut Ostiguy verläuft diese Niedrig-Hoch-Achse quer zur Links-Rechts-Dimension, so dass Populismus als Stilmittel ebenso aus dem linken wie aus dem rechten Spektrum entstehen kann, wie die von ihm angeführten Paradebeispiele des Neoliberalen Carlos Menem in Argentinien und des Sozialisten Hugo Chávez in Venezuela verdeutlichen.

Dieser Theorieansatz wurde in den letzten Jahren von Benjamin Moffitt weiterentwickelt, der (teilweise unter Rückgriff auf den diskursiven Ansatz Laclaus) den performativen Charakter des Populismus hervorhebt. In seinem 2016 erschienenen Buch „The Global Rise of Populism" beschreibt Moffitt Populismus als politisches Stilmittel, indem eine Darsteller-Publikum-Beziehung zwischen einer Führungsfigur und einem von dieser aufgerufenen ‚Volk' erzeugt und mithilfe der gezielten Verwendung medialer Kommunikationskanäle zur Schau gestellt wird. Demnach weist Populismus einen theatralischen Charakter auf und ist insbesondere auf die Inszenierung schlechter Verhaltensmanieren sowie krisenhafter Verhältnisse angewiesen, um eine Nähe zum ‚Volk' und das damit einhergehende Versprechen einer Überwindung von Krise performativ herbeizuführen. Unter Bezugnahme auf Ostiguys Theorie und bekannte Beispiele wie Donald Trump in den USA verortet Moffitt Populismus entlang einer kulturellen

Niedrig-Hoch-Achse als stilistische Aneignung ‚niedriger' Verhaltensnormen im Namen eines ‚Volkes'. Sowohl bei Ostiguy als auch bei Moffitt wird die ambivalente Stellung des Populismus im Links-Rechts-Spektrum sowie im Verhältnis zur Demokratie hervorgehoben.

Der stilistisch-performative Theorieansatz hat nicht zuletzt aufgrund seiner Kombinierbarkeit mit anderen (etwa diskursiven) Ansätzen sowie breiten Anwendbarkeit im digitalen Zeitalter zunehmende Resonanz gefunden. In der Forschung lässt sich hierbei ein Trend hin zur Analyse visueller Inszenierungspraktiken im Populismus – beispielsweise in Form von Bildern und Social-Media-Beiträgen – beobachten (→ Wie analysiert man Populismus als Stil?).

Literaturtipps | Als Grundlagentexte dieses Theorieansatzes siehe: Ostiguy, P.: The High-Low Divide: Rethinking Populism and Anti-Populism, in: C&M Working Paper, 35, 2009, sowie: Moffitt, B.: The Global Rise of Populism: Performance, Political Style, and Representation, Stanford University Press, 2016; sowie in jüngerer Hinsicht: Ostiguy, P.: The Socio-Cultural, Relational Approach to Populism, in: Partecipazione & Conflitto, 13, 1, 2020, S. 29–58.

Was besagt der strategische Theorieansatz?

Der → strategische bzw. mobilisierungsstrategische Theorieansatz geht vor allem auf die Politologen Kurt Weyland und Kenneth Roberts sowie teilweise auch den Soziologen Robert Jansen zurück. Die genannten Denker verstehen Populismus grundsätzlich als politische Mobilisierungsstrategie und orientieren sich dabei an der lateinamerikanischen Erfahrung mit führungszentrierten und personalistischen Populismen von links und rechts.

In einem 2001 erschienenen Aufsatz argumentiert Weyland, dass Populismus am besten als Strategie im Wettkampf um sowie Ausübung von politischer Macht zu verstehen ist. Er definiert Populismus als eine auf personalistischer Führung sowie weitgehend unorganisierter Massenanhängerschaft mit niedrigem Institutionalisierungsgrad basierende Mobilisierungsstrategie. So gesehen stellt Populismus vor allem eine Art und Weise dar, wie das Verhältnis zwischen politischer Führung und Basis hergestellt und im Kontext des elektoralen Wettbewerbs eingesetzt wird: Eine als

Volkstribun auftretende Führungsfigur ruft eine undifferenzierte Masse von Anhänger:innen auf, versammelt sie in Protestkundgebungen und tritt in ihrem Namen bei Wahlen an, ohne dabei einen ausgefeilten Parteiapparat mit professionalisiertem Funktionärswesen aufbauen zu müssen. Demnach bildet Populismus einen Gegenpol dessen, was in Anlehnung an Weyland „Parteienherrschaft" genannt werden könnte, in der die Mobilisierung und Ausübung von politischer Macht durch einen professionellen Organisationsapparat vermittelt wird und im selben Zuge auf die Inszenierung einer massenhaften Anhängerschaft verzichtet werden kann. Im Gegensatz hierzu inszeniert sich die populistische Führungsfigur als volksnah und umgeht intermediäre Strukturen wie organisierte Parteien, Verbände und Medien, um den direkten Kontakt mit der Anhängerschaft zu suchen.

Ähnlich argumentiert Jansen in einem 2011 erschienenen Aufsatz aus mobilisierungssoziologischer Perspektive, dass Populismus als Projekt der Mobilisierung marginalisierter Bevölkerungsgruppen mithilfe sichtbarer, konflikthafter Aktionsformen zu verstehen ist. Er bezeichnet Populismus in erster Linie als Mobilisierungspraxis, die mit einer Rhetorik von → ‚Volk' gegen → ‚Elite' zusätzlich einhergeht. Sowohl bei Weyland und Roberts als auch bei Jansen bildet der lateinamerikanische Kontext nicht nur den Ausgangs-, sondern auch den Mittelpunkt der Theoriebildung, um den Gegensatz zwischen personalistischer, unorganisiert-massenhafter Mobilisierung im Populismus einerseits und institutionalisierter, parteiförmiger Praxis andererseits aufzustellen. Dabei argumentiert Weyland in jüngerer Zeit mit Blick auf Beispiele wie Donald Trump, Viktor Orbán oder auch Recep Tayyip Erdoğan, dass das mobilisierungsstrategische Verständnis weit über Lateinamerika hinaus Anwendbarkeit besitzt.

Literaturtipps | Als Grundlagetexte dieses Theorieansatzes siehe: Roberts, K.: Neoliberalism and the Transformation of Populism in Latin America: The Peruvian Case, in: World Politics, 48, 1, 1995, S. 82–116, sowie: Weyland, K.: Clarifying a Contested Concept: Populism in the Study of Latin American Politics, in: Comparative Politics, 34, 1, 2001 S. 1–22. Zum Beitrag Jansens siehe auch: Jansen, R.: Populist Mobilization: A New Theoretical Approach to Populism, in: Sociological Theory, 29, 2, 2011, S. 75–96.

Wie ist das Verhältnis von Populismus und Demokratie zu bewerten?

Dies ist eine der Schlüsselfragen in den heutigen Debatten über Populismus und wird je nach theoretischer Ausrichtung entsprechend unterschiedlich beantwortet. Im Großen und Ganzen lassen sich die Antworten in zwei Gruppen unterteilen: Die eine fasst Populismus als grundsätzlich ambivalent im Verhältnis zur Demokratie auf, so dass bestimmte Formen von Populismus demokratieschädlich, andere aber durchaus demokratieförderlich sein können. Die zweite, insbesondere normativ-theoretisch geprägte Gruppe – mit Jan-Werner Müller als wohl bekanntestem Vertreter – versteht Populismus als ausschließlich und per Definition demokratiefeindlich. Es gibt nur wenige Denker:innen, die Populismus im Gegenteil als grundsätzlich demokratieförderlich bezeichnen, insbesondere wenn es um die vier oben genannten Theorieansätze geht. Als offener Befürworter des Populismus gilt beispielsweise der schwedische Philosoph Torbjörn Tännsjö, der Populismus im Sinne einer Verteidigung der Volkssouveränität als Essenz der Demokratie begreift, oder auch der US-amerikanische Publizist und Historiker Thomas Frank, der Populismus als Massenbewegung von unten für soziale Gleichheit im Sinne der → People's Party des späten 19. bis frühen 20. Jahrhunderts in den USA versteht. Insgesamt fällt auf, dass das Gros der vier als besonders einflussreich hervorgehobenen Denkrichtungen der heutigen Populismusforschung Populismus nicht grundsätzlich als positiv oder negativ bezeichnet, sondern sowohl positive als auch negative Facetten bzw. Spielarten identifiziert.

Zu diesem Lager des Sowohl-als-Auch gehören die einflussreichen Populismustheoretiker Laclau (diskursiv), Mudde und Rovira Kaltwasser (ideell), Ostiguy und Moffitt (stilistisch) sowie Roberts (strategisch). Dabei gibt es wichtige Nuancen nicht zuletzt hinsichtlich der Frage, was für ein Ausgangsverständnis von Demokratie vorausgesetzt wird. Mudde und Rovira Kaltwasser argumentieren etwa, dass Populismus die Volkssouveränität als demokratisches Versprechen im engeren Sinne gegen liberaldemokratisch-rechtsstaatliche Normen wie Gewaltenteilung und Minderheitenrechte wendet. Sie sprechen in dieser Hinsicht von einem „demokratischen Illiberalismus" bzw. „demokratischen Extremismus", der für eine liberale Auslegung von Demokratie zwar schädlich ist, aber in bestimmten Spielarten – insbesondere umverteilungsorientierten Linkspopulismen in Lateinamerika, wie bei Evo Morales in Bolivien – soziale Inklusionseffekte entfalten und somit begrenzt demokratieförderlich sein kann, indem die materielle Basis für politische Teilhabe ausgeweitet wird. Bei Laclau hingegen, der in seinem früheren Werk eine radikaldemokratische Theorieperspektive entwickelte, nimmt Populismus als Anrufung von ‚Volk' gegen instituierte Macht die Funktion eines Gründungsmoments der Politik schlechthin ein, das als solches – ob positiv oder negativ, ob egalitär oder reaktionär geprägt – aus der Demokratie nicht wegzudenken ist. Solange die Demokratie (wenn auch nicht ausschließlich) auf dem Versprechen der Volkssouveränität gründet, wird es demnach immer die Möglichkeit einer populistischen Reaktivierung dieses Versprechens gegen die als herrschend ausgemachten Machtverhältnisse geben. In dieser Hinsicht argumentiert Laclau sogar, dass Politik als solche dort endet, wo Populismus nicht mehr möglich ist: in einem System also, wo die offene Anfechtung von Herrschaft im Namen eines souveränen ‚Volkes' nicht mehr denkbar oder sagbar geworden ist.

In diesem Zusammenhang gibt es eine Reihe von Denker:innen, die den demokratieimmanenten Charakter des Populismus und gleichzeitig dessen ambivalenten Effekt auf die Demokratie hervorheben. In der politischen Theorie wurde diese Position auf unterschiedliche Weise von Margaret Canovan und Benjamin Arditi stark gemacht. Canovan bezeichnet Populismus als „Schatten" der Demokratie, der diese an die eigenen Gründungsversprechen erinnert und eine wiederkehrende Möglichkeit im Rahmen demokratischer Politik darstellt. Dabei verweist für Canovan die Metapher des Schattens auch auf die gefährliche Kehrseite einer autoritären Subversion der Demokratie, deren Potenzial ebenfalls im Populismus angelegt ist, indem beispielsweise das Versprechen der Restaurierung der Volkssouveränität in einen Alleinherrschaftsanspruch im Namen des ‚Volkes' umschlägt. Arditi spricht in diesem Zusammenhang von Populismus als „Symptom" der Demokratie, das zwar demokratieimmanent ist, deren Grenzen aber überschreiten kann und insofern auf die Möglichkeit der Umkehrung in deren Gegenteil verweist. Anders gesagt: Populismus mag zwar aus der

Demokratie nicht wegzudenken sein, aber er kann paradoxerweise im selben Zuge jene Kraft werden, die der Demokratie ein Ende setzt. Schließlich gibt es die Gruppe derer, die Populismus als ausschließlich negativ und antidemokratisch auffassen. Hier besteht der Hauptunterschied zur ersten Antwortvariante darin, dass die autoritäre Subversion der Demokratie nicht nur als inhärente Möglichkeit, sondern als notwendiges Definitionsmerkmal des Populismus betrachtet wird. Mit anderen Worten: Populismus muss per Definition – und nicht nur kann – die Umkehrung der Demokratie in deren Gegenteil bedeuten. Diese Position wurde beispielsweise von Jan-Werner Müller formuliert, der Populismus als moralisch aufgeladenen Alleinherrschaftsanspruch im Namen eines ‚Volkes' gegen all jene als volksfeindlich ausgemachten Kräfte versteht. Als Paradebeispiele nennt er autoritäre Regierungschefs wie Viktor Orbán in Ungarn und Hugo Chávez in Venezuela, die sich als einzig legitime Volksvertreter inszenieren und den Raum für pluralistischen politischen Wettbewerb untergraben. Dabei hat Müllers Populismustheorie zur Folge, dass all jene Kräfte, die als Beispiele für demokratischen bzw. demokratieförderlichen Populismus angeführt werden – von der → People's Party in den USA bis hin zu Evo Morales – von vornherein aus dem Definitionsradius des Populismus wegfallen. Hier lässt sich ein gewisser Trade-Off zwischen definitorischer Reichweite und normativer Klarheit beobachten: Je mehr Populismus per Definition als negativ und demokratiefeindlich betrachtet wird, desto mehr muss die Definition verengt werden, so dass auch klassische Beispiele für Populismus im Sinne einer Volk-Elite-Gegenüberstellung außen vor bleiben.

Literaturtipps | Zu den prägenden Beiträgen zu dieser Debatte gehören folgende Aufsätze: Canovan, M.: Trust the People! Populism and the Two Faces of Democracy, in: Political Studies, 47, 1, 1999, S. 2–16; Laclau, E.: Populism: What's in a Name?, in: Panizza, F. (Hrsg.), Populism and the Mirror of Democracy, Verso 2005, S. 32–49; Rovira Kaltwasser, C.: The Ambivalence of Populism: Threat and Corrective for Democracy, in: Democratization, 19, 2, 2012, S. 184–208; Mudde, C.; Rovira Kaltwasser, C.: Exclusionary vs. Inclusionary Populism: Comparing Contemporary Europe and Latin America, in: Government and Opposition, 48, 2, 2013,

S. 147–174; Müller, J.-W.: Populism and Constitutionalism, in: Rovira Kaltwasser, C. et al. (Hrsg.), The Oxford Handbook of Populism, Oxford University Press 2017, S. 590–605.

Ist Populismus zwangsläufig ‚illiberal'?

Innerhalb der Gruppe derer, die Populismus als grundsätzlich ambivalent im Verhältnis zur Demokratie begreifen, gibt es die weit verbreitete These, dass Populismus eine ‚illiberale' Auslegung von Demokratie darstellt. Demnach entspricht Populismus einem Wunsch nach Demokratie ohne Liberalismus: Er beharrt auf dem demokratischen Prinzip der Volkssouveränität im engeren Sinne und wendet dieses gegen liberaldemokratische Normen der Gewaltenteilung sowie Minderheitenrechte als illegitime Einschränkungen der Volkssouveränität. Diese These wird an prominenter Stelle von den ideellen Populismustheoretikern Cas Mudde und Cristóbal Rovira Kaltwasser vertreten. Gleichzeitig identifizieren beide Denker jedoch Beispiele für demokratische Populismen, die liberaldemokratische Prinzipien nicht grundsätzlich in Frage stellen (und diese sogar an manchen Stellen verteidigen und vertiefen), etwa hinsichtlich der Rechte ethnischer und/oder sexueller Minderheiten im Fall linkspopulistischer Parteien in Südamerika und Südeuropa. Nichtsdestotrotz verweist insbesondere Mudde auf einen allgemeinen Trend hin zur Entkoppelung demokratischer und liberaler Werte in heutigen Populismen. Er spricht in diesem Zusammenhang sogar vom Aufstieg populistischer Parteien in jüngerer Zeit als „illiberal-demokratische Reaktion auf undemokratischen Liberalismus" (Mudde 2021: 577), beispielsweise mit Blick auf entdemokratisierte und technokratische Formen (neo-)liberalen Regierens im Zuge der Eurokrise. Demnach reagieren populistische Herausforderer auf die Aushöhlung des demokratischen Prinzips der Volkssouveränität in heutigen liberalen Demokratien mit einer Forderung nach Restaurierung ebendieser demokratischen Volkssouveränität in entliberalisierter Form.

Innerhalb des ideellen Theorieparadigmas im breiten Sinne vertritt Jan-Werner Müller eine stärkere Version der Illiberalismus-These, indem er Populismus nicht nur als illiberal, sondern auch im selben Zuge als antidemokratisch versteht. Für Müller ist Demokratie ohne ein Mindestmaß an liberalen Normen nicht denkbar: Man denke beispielsweise an die institutionalisierte Gewaltenteilung, Medienfreiheit ohne staatliche Einmischung oder auch robuste Minderheitenrechte, die wiederum gewährleisten, dass das demokratische Prinzip der Volkssouveränität im Rahmen eines freien politischen Wettbewerbs sowie unter Teilhabe aller Staatsbürger:innen zur Geltung kommt. Müllers Populismusverständnis setzt voraus, dass Populismus per Definition gegen demokratischen → Pluralismus strebt und politischen Gegnern die Legitimität abspricht, so dass letztlich kein fairer Wettbewerb um die Volkssouveränität möglich ist und es dementsprechend keine Vereinbarkeit zwischen Demokratie und Populismus geben kann. Als Paradebeispiel hierfür verweist Müller auf den ungarischen Ministerpräsidenten Viktor Orbán, der von sich behauptet, eine „illiberale Demokratie" anzustreben, dabei aber sowohl illiberal als auch antidemokratisch agiert, indem die Bedingungen für den Mehrparteienwettbewerb durch die systematische Vereinnahmung der öffentlich-rechtlichen Medien, unabhängigen Kontrollinstanzen wie die Justiz sowie staatlichen Haushaltsmittel zu parteipolitischen Zwecken zugunsten der Regierungspartei untergraben werden.

Entgegen beiden Versionen der Illiberalismus-These argumentieren Vertreter:innen des → diskursiven Theorieansatzes, dass Populismus an sich genommen weder zwangsläufig illiberal noch liberal, weder inhärent antidemokratisch noch demokratisch geprägt ist. Im Gegensatz zum → ideellen Theorieansatz wird etwa nicht vorausgesetzt, dass im Populismus die Kategorien → ‚Volk' und → ‚Elite' als homogene Blöcke unter Ausschluss aller anderen Identitätskonstruktionen fungieren. Aus diskursiver Sicht haben theoretische Vorentscheidungen über den (il)liberalen Charakter des Populismus insofern keinen Sinn, da es sich bei Populismus um eine tendenziell formelle Artikulationslogik handelt, die mit verschiedensten Inhalten einhergehen kann. So gesehen ist ein liberaler bzw. liberaldemokratischer Populismus genauso gut denkbar wie anti- bzw. illiberale Spielarten: Man denke beispielsweise an den ersten Präsidentschaftswahlkampf Emmanuel Macrons in Frankreich, als dieser als Kandidat gegen „das System" der etablierten Parteien und gleichzeitig im Namen der Verteidigung liberaldemokratischer Werte sowie einer wirtschaftsliberalen Agenda

gegen „die rechtsextreme Gefahr“ antrat. Außerdem legen Beispiele jüngerer linkspopulistischer Parteien in Südeuropa nahe, dass eine populistische Gegenüberstellung von ‚Volk‘ und ‚denen da oben‘ sogar mit feministischen Positionen (z. B. bei Podemos in Spanien) oder auch mit einer Erweiterung von LGBT-Rechten (z. B. durch die Syriza-Regierung in Griechenland) einhergehen kann.
An dieser Debatte wird deutlich, dass Charakterzuschreibungen in Bezug auf Populismus gewissermaßen durch die jeweils zugrunde gelegte Definition vorprogrammiert sind. Versteht man Populismus per Definition als antipluralistisch, so ergeben sich daraus gewisse Implikationen über den illiberalen und/oder antidemokratischen Charakter des Populismus. Ähnlich verhält es sich bei Fragen zum nationalistischen und/oder verschwörungstheoretischen Charakter des Populismus, die nachfolgend diskutiert werden.

Literaturtipps | Zur jüngeren Diagnose Muddes siehe: Mudde, C.: Populism in Europe: An Illiberal Democratic Response to Undemocratic Liberalism, in: Government and Opposition, 56, 4, 2021, S. 577–597.
Zu Müllers Thesen siehe die im Laufe des Kapitels genannten Literaturtipps.
Siehe auch den Beitrag von Katsambekis aus diskursiver Theorieperspektive: Katsambekis, G.: Constructing ‘the People’ of Populism: A Critique of the Ideational Approach from a Discursive Perspective, in: Journal of Political Ideologies, 27, 1, 2022, S. 53–74.

Ist Populismus zwangsläufig nationalistisch?

Es gibt eine lange Tradition in der Populismusforschung, die Populismus als inhärent nationalistisches Phänomen betrachtet. Der Begriff „Nationalpopulismus“ ist von verschiedenen Denkern wie dem französischen Philosophen Pierre-André Taguieff, dem britischen Politologen und Faschismusforscher Roger Eatwell oder auch dem US-amerikanischen Soziologen und Nationalismusforscher Rogers Brubaker verwendet worden, um Populismus einen national(istisch)en Kern zuzuschreiben. Dieser Zuschreibung liegt die Intuition zugrunde, dass der Begriff „Volk“ (bzw. Äquivalente in vielen Sprachen) eine ethnokulturelle Essenz impliziert: Wenn Populisten von ‚Volk‘ sprechen, muss es sich doch um ein nationales Volk handeln. An dieser Stelle argumentiert Brubaker, dass dieser national gefärbte Bedeutungszusammenhang zur Mehrdeutigkeit des Volksbegriffs gehört: „Volk“ bezeichnet demnach sowohl die unterprivilegierten Massen (*plebs*), ein staatsbildendes Subjekt (*demos*) als auch eine national abgegrenzte Gemeinschaft (*ethnos*) zugleich.

Dagegen argumentieren die Diskursforscher Benjamin De Cleen und Yannis Stavrakakis in Anlehnung an Laclaus diskursiven Theorieansatz, dass das Nationale vom → Nationalismus grundsätzlich unterschieden werden muss und dass Populismus an sich genommen weder einen inhärent nationalen noch nationalistischen Charakter aufweist. Erstens muss die Tatsache, dass ein populistischer Diskurs innerhalb eines nationalstaatlichen Rahmens angesiedelt ist, nicht zwangsläufig bedeuten, dass er einen national*istisch*en Charakter aufweist. Anders gesagt: Es ist gut denkbar, dass sich innerhalb eines Nationalstaats auch nicht-nationalistische oder gar antinationalistische Diskurse entfalten (z. B. sog. „antideutsche“ Subkulturen in Deutschland), die trotzdem einen eindeutig nationalstaatlich abgegrenzten Handlungs- und Referenzrahmen haben. So gesehen kann ein populistischer Diskurs nationalstaatlich angesiedelt sein, ohne nationalistisch zu sein, indem etwa das „Volk“ als kulturell offenes (oder gar multinationales) Gebilde konstruiert wird. Darüber hinaus argumentieren De Cleen und Stavrakakis, dass populistische Projekte auch nicht zwangsläufig nationalstaatlich beschränkt sein müssen, sondern transnational angesiedelt sein können: Man denke beispielsweise an paneuropäische Gruppierungen wie die von Yanis Varoufakis gegründete Plattform DiEM25, die „die Menschen Europas“ als grenzüberschreitenden Souverän gegen politische sowie ökonomische Eliten auf EU-Ebene aufruft (→ Gibt es einen transnationalen Populismus?).

Was nicht nur die diskursiven und ideellen, sondern auch die stilistischen und strategischen Theorieansätze grundsätzlich verbindet, ist die Erkenntnis, dass Populismus einen Oben-Unten-Gegensatz zwischen einem Volkssubjekt ‚hier unten‘ und ‚denen da oben‘ konstruiert. Woran sich die Geister allerdings scheiden, ist die Frage, ob eine Innen-Außen-Gegenüberstellung zwischen einem national abgegrenzten Volkssubjekt gegen Fremde ‚da draußen‘ als zusätzliches Definitionsmerkmal des Populismus vorausgesetzt werden kann. De Cleen und Stavrakakis führen eine „architektonische“ Unterscheidung zwischen Populismus als Oben-Unten-Logik und → Nationalismus als Innen-Außen-Logik ein, um die beiden Diskurstypen als konzeptuell getrennt voneinander zu betrachten, auch wenn empirische Kombinationen durchaus möglich sind. Dagegen argumentiert Brubaker, dass im Populismus das Feindbild sowohl als machtbezogen ‚da oben‘ als auch als kulturell ‚da draußen‘ konstruiert wird, so dass eine strikte konzeptuelle Trennung von Populismus und Nationalismus keinen Sinn ergibt. Die Frage nach dem Verhältnis von Nationalismus und Populismus bleibt eine der spannenden Streitfragen in der heutigen Populismusforschung, wobei auch hier deutlich wird, wie sehr die Antworten je nach gewählter Theorieperspektive auseinandergehen können.

Literaturtipps | Zur These Brubakers siehe folgende Aufsätze: Brubaker, R.: Between Nationalism and Civilizationism: the European Populist Moment in Comparative Perspective, in: Ethnic and Racial Studies, 40, 8, 2017, S. 1191–1226, sowie: Brubaker, R.: Populism and Nationalism, in: Nations and Nationalism, 26, 1, 2020, S. 44–66.
Siehe auch die Replik von De Cleen und Stavrakakis: How Should We Analyze the Connections between Populism and Nationalism: A Response to Rogers Brubaker, in: Nations and Nationalism, 26, 2, 2020, S. 314–322.

Ist Populismus zwangsläufig verschwörungstheoretisch?

Die These, dass Populismus einen verschwörungstheoretischen Charakter hat, ist möglicherweise sogar älter als die moderne Populismusforschung selbst. Bereits ab den 1950er Jahren brachte der US-amerikanische Historiker und Populärwissenschaftler Richard Hofstadter u. a. die populistische → People’s Party des späten 19. und frühen 20. Jahrhunderts mit einem „paranoiden Stil“ innerhalb der US-amerikanischen Politik in Verbindung. Laut Hofstadter stellt Populismus eine maßgeblich von primitiven Affekten, Abstiegsängsten und Verschwörungsdenken gesteuerte Bewegung dar, die somit eine Reaktion gegen die Umbrüche und Herausforderungen gesellschaftlicher Modernisierung zum Ausdruck bringt. Bemerkenswert ist dabei, dass Hofstadter diesen „paranoiden Stil" nicht nur bei den historischen Populisten, sondern auch bei den zunehmend radikalisierten (Neo-)Konservativen seiner Gegenwart wie Barry Goldwater identifizierte.

Hofstadters Diagnose erinnert stark an heutige Charakterisierungen des Populismus, die in der medialen Öffentlichkeit weit verbreitet sind: irrational-emotional, modernisierungsresistent, verschwörungstheoretisch. Dabei ist „verschwörungstheoretisch" ein Begriff, der in heutigen Theorien des Populismus eher selten eine zentrale Definitionsrolle spielt. Dies liegt möglicherweise daran, dass „Verschwörungsdenken" als analytisches Konzept nicht ganz einfach zu handhaben ist: Wo verlaufen die Grenzen eines solchen Begriffs? Wo endet Verschwörungsdenken und wo beginnt legitime Herrschaftskritik? Karl Marx argumentierte einst, dass der moderne Staat letztlich nichts mehr als einen Sachverwalter von Kapitalinteressen darstellt. Ist das etwa eine Verschwörungstheorie? Hier kommt es anscheinend auf den Mechanismus an: Verschwörungstheoretische Erzählungen würden eine bestimmte Intentionalität unterstellen, so dass diverse Eliten eine bewusste, böswillige und heimliche Allianz miteinander eingehen – und nicht etwa aufgrund struktureller Faktoren oder auch institutioneller Einschränkungen im Schulterschluss stehen.

Heute gibt es in der Tat zahlreiche Beispiele für Populismen, die verschwörungstheoretisch im oben genannten Sinne geprägt sind. Man denke an die Querdenken-Proteste, in denen die Botschaft „Wir sind das Volk" mit der Unterstellung verschiedenster Komplotte innerhalb der „Elite" einhergeht, sei es Bill Gates oder George Soros als Drahtzieher hinter dem Coronavirus und/oder dem Impfstoff als Kontroll- und Manipulationsmittel. Es gibt aber auch genug Beispiele für populistische Erzählungen, die nicht auf verschwörerische Intentionalität, sondern vielmehr auf strukturelle Merkmale zur Begründung einer Volk-Elite-Gegenüberstellung zurückgreifen. Die Occupy-Bewegung in den USA entstand um die Schlagwörter „99 Prozent" gegen „1 Prozent" als scheinbar etabliertes empirisches Faktum der wachsenden ökonomischen (und damit einhergehend auch politischen) Ungleichheit im Land. Es gibt auch populistische Phänomene, die ‚das Volk' gegen eine amtierende Regierung aufrufen und dieser nichts Weiteres unterstellen als die erwartungsgemäße Ausübung des eigenen Regierungsmandats, die aber als zulasten des ‚Volkes' ausgelegt wird: Man denke hier an die vielen zivilgesellschaftlichen Initiativen im Namen von „we the people“ gegen Donald Trump während dessen Amtszeit als US-Präsident.

Insgesamt ist es schwierig, „Verschwörungsdenken“ erstens als Definitionsmerkmal des Populismus theoretisch vorauszusetzen, ohne dass es Fragen nach Grenzen des Begriffs hagelt; zweitens ist es sowohl konzeptuell als auch empirisch fragwürdig, dass Populismus im Sinne einer Volk-Elite-Gegenüberstellung zwangsläufig mit der Unterstellung einer Elitenverschwörung einhergehen muss. Dies bedeutet ausdrücklich nicht, dass es grundsätzlich keinen Sinn hat, verschwörungstheoretische Elemente in diesen oder jenen populistischen Phänomenen im Einzelnen unter die Lupe zu nehmen. Vielmehr gibt es keinen apriorischen Grund zur Annahme, dass der Begriff des Populismus von vornherein definitorisch auf verschwörungstheoretische Phänomene beschränkt werden muss.

Literaturtipps | Zur These des „paranoiden Stils“ siehe den klassischen Aufsatz: Hofstadter, R.: The Paranoid Style in American Politics, in: Harper's Magazine, 11/1964, https://harpers.org/archive/1964/11/the-paranoid-style-in-american-politics/. Siehe auch die folgende Kritik an Hofstadter: Stavrakakis, Y.: How Did „Populism“ Become a Pejorative Concept? And Why is This Important Today? A Genealogy of Double Hermeneutics, in: POPULISMUS Working Papers, 6, 2017.

Methoden der Populismusforschung

Basierend auf einer Definition von Populismus lassen sich die Kriterien zur Erforschung des Phänomens festlegen. Ausgehend von den vier vorgestellten Theorieansätzen werden in diesem Kapitel die verschiedenen Analysemöglichkeiten von Populismus aufgezeigt.

Wodurch zeichnen sich Methoden der Populismusforschung aus?

Die Frage nach dem methodologischen Zugang zur Erforschung von Populismus stellt sich im Zusammenhang mit der gewählten Populismustheorie und hängt auch maßgeblich von dieser ab. Wie im vorherigen Kapitel dargelegt: Die erfolgreichsten Theorien des Populismus sind in der Regel jene, die mithilfe konzeptuell klar abgrenzbarer Definitionsmerkmale eine solide Grundlage für empirische Forschung zur Hand legen. Dabei setzt jede Populismusdefinition ein theoretisches Terrain mit einem eigenen konzeptuellen Vokabular voraus: sei es Populismus als formelle Diskurslogik, dünne Ideologie, performatives Stilmittel oder auch personalistische Mobilisierungsstrategie. Liegt eine solche Definition erst einmal vor, stellt sich die Frage nach der Operationalisierung: Wie lassen sich die Definitionsmerkmale in analytisch umsetzbare Kriterien zur Erfassung von Populismus in der Forschungspraxis übersetzen? Woran macht man eine(n) populistische(n) Diskurs, Ideologie, Stil oder Strategie empirisch fest?

Gewiss unterscheiden sich die Antworten auf die Frage der methodologischen Umsetzung je nach gewählter Theorieperspektive. Aber auch innerhalb einer Theorietradition gibt es unterschiedliche methodologische Ansätze zur Erforschung von Populismus. In der Tat muss es nicht unbedingt die eine richtige Methode für die jeweilige Theorieperspektive geben. Dabei muss es sehr wohl eine innere Kohärenz zwischen der gewählten Theorieperspektive und dem methodologischen Vorgehen geben. Hierzu gehört die Voraussetzung, dass überhaupt mit einer Theorieperspektive gearbeitet wird und dass auf dieser Grundlage analytisch brauchbare Kriterien zur Identifizierung populistischer Phänomene herausgearbeitet werden. Mit anderen Worten: Die Schritte von der Definition (Theorie) zu deren Umsetzung (Methode) und schließlich zur Etikettierung dieser oder jener Phänomene als populistisch (Empirie) müssen ersichtlich sein.

In zahlreichen wissenschaftlichen Aufsätzen sowie Vorträgen auf Populismustagungen kommt häufig vor, dass von „Populismus" in Bezug auf bestimmte Akteursgruppen die Rede ist, ohne dass ersichtlich wird, wie man überhaupt zu solchen Feststellungen kommt: Aufgrund welcher

Definitionskriterien und welcher Analyse will man behaupten, dass diese oder jene Parteien „populistisch“ sind? Zu oft wird die Populismusforschung von einem überschießenden Apriorismus geplagt, der begriffliche Konfusion stiftet. Hierfür braucht es nicht nur theoretische Reflexion über den Begriff des Populismus, sondern auch ein kohärentes Ineinandergreifen von Theorie und Methode, das empirische Aussagen über den populistischen Charakter eines beliebigen Phänomens nachvollziehbar macht.

Im Folgenden werden Methoden der Populismusforschung in Anlehnung an die im vorherigen Kapitel identifizierten Theorieparadigmen (diskursiv, ideell, stilistisch, strategisch) sukzessiv vorgestellt. Dabei liegt ein besonderes Augenmerk auf der Überbrückungsleistung zwischen Theorie und Methode sowie die daraus folgenden Implikationen für die Forschungspraxis.

Wie analysiert man Populismus als Diskurs?

Der diskursive Theorieansatz kann auf ein diskursanalytisches Forschungsparadigma zurückgreifen, das als postfundamentale Diskursanalyse (PDA; engl. *post-foundational discourse analysis*) oder auch Essex School Discourse Analysis bekannt geworden ist. Dieses Paradigma ist älter als die diskursive Populismusforschung selbst und basiert auf der Diskurs- und Hegemonietheorie Ernesto Laclaus und Chantal Mouffes, die in den 1980er Jahren vom Autorenpaar gemeinsam herausgearbeitet wurde. Durch die breite Rezeption der Populismustheorie Laclaus hat sich die PDA selbst mit neuen Konzepten weiterentwickelt, wie es beispielsweise mit dem Begriff der diskursiven Architektonik zur Unterscheidung von Populismus und → Nationalismus der Fall ist.

Nach der Begrifflichkeit der PDA lässt sich ein Diskurs anhand der Operation zweier Grundlogiken (Differenz und Äquivalenz) sowie der daraus entstehenden Abgrenzungseffekte analysieren. In Diskursen geht es um die Konstruktion von Identitäten, sei es in Differenz zueinander (z. B. Deutschland und Frankreich sind unterschiedliche Länder) oder als äquivalente Bündelung von Differenzen in gemeinsamer Abgrenzung gegen einen Dritten (z. B. Deutschland, Frankreich und viele andere Länder sind zwar unterschiedlich, müssen aber gegen die Bedrohung einer Klimakatastrophe gemeinsame Sache machen). Im Populismus funktioniert diese Logik der Äquivalenz so, dass die Bündelung von Differenzen um eine möglichst weitreichende Äquivalenzkette und im Namen von nichts Geringerem als der Gesamtheit eines ‚Volkes' stattfindet, wodurch die Gesellschaft in zwei antagonistische Lager geteilt wird: ein Volkssubjekt und einen Machtblock. Die Sinnstrukturen eines populistischen Diskurses lassen sich diskursanalytisch rekonstruieren, indem die einzelnen Elemente der Äquivalenzketten – beispielsweise Politikforderungen oder auch Subjektpositionen (z. B. Bezeichnungen für gesellschaftliche Gruppen, politische Akteur:innen) – in ihrer Relationierung zueinander runtergebrochen werden. So gesehen besteht die Aufgabe einer Diskursanalyse darin, die Konstruktion von diskursiven Knotenpunkten wie → ‚Volk' und → ‚Elite', die für die äquivalent gebündelten Elemente stehen, im Einzelnen zu entziffern.

Insgesamt lassen sich mindestens drei analytische Kriterien zur Identifizierung eines populistischen Diskurses feststellen:

- die Herausbildung einer Äquivalenzkette (nach der Logik der Äquivalenz),
- die diskursive Zentrierung um den Namen eines Volkssubjekts als Knotenpunkt und
- die antagonistische Zweiteilung in Volkssubjekt und Machtblock.

Zur Verfeinerung des drittgenannten Kriteriums haben die Diskursforscher Benjamin De Cleen und Yannis Stavrakakis den Begriff der diskursiven Architektonik eingeführt, um Populismus mit dessen Oben-Unten-Gegenüberstellung (Volkssubjekt vs. Elite) vom → Nationalismus als Konstruktion eines Innen-Außen-Gegensatzes (nationales Volk vs. fremde Andere) zu unterscheiden. Zur Identifizierung einer solchen Oben-Unten-Logik müsste demnach untersucht werden, wie die verschiedenen Abgrenzungseffekte im Einzelnen konstruiert werden: inwiefern ‚denen da oben' beispielsweise vorgeworfen wird, Macht zu missbrauchen oder auch illegitim zu besitzen (Oben vs. Unten) und/oder aber unter fremdem Einfluss zu stehen und nationale Interessen auszuverkaufen (Innen vs. Außen). Die Kombination beider Logiken zeichnet den → Rechtspopulismus aus, wohingegen im → Linkspopulismus die Oben-Unten-Gegenüberstellung tendenziell breiter und vielfältiger gestaltet wird (z. B. neben der Ablehnung politischer Eliten auch ökonomische Klassengegensätze, feministische und antirassistische Herrschaftskritik). Der diskursive Architektonik-Ansatz öffnet damit auch analytische Wege zur Differenzierung von Varianten des Populismus (→ Welche Varianten des Populismus gibt es?).

Literaturtipps | Für methodologische Überlegungen und Weiterentwicklungen siehe etwa: Stavrakakis, Y.; Katsambekis, G.: Left-Wing Populism in the European Periphery: The Case of SYRIZA, in: Journal of Political Ideologies, 19, 2, 2014, S. 119–142; Hildebrand, M.: Rechtspopulismus und Hegemonie. Der Aufstieg der SVP und die diskursive Transformation der politischen Schweiz, Transcript 2017; Kim, S.: Discourse, Hegemony, and Populism in the Visegrád Four, Routledge 2022. Siehe auch als allgemeine Einführung in die PDA-Methode den folgenden Sammelband: Howarth, D.; Norval, A.; Stavrakakis, Y. (Hrsg.): Discourse Theory and Political Analysis: Identities, Hegemonies and Social Change, Manchester University Press 2000.

Wie analysiert man Populismus als Ideologie?

Der → ideelle Theorieansatz ist der mit Abstand meistverwendete in der heutigen Populismusforschung. Dabei weist er hinsichtlich der angewandten Methoden eine große Vielfalt auf. Im Gegensatz etwa zum diskursiven Forschungsparadigma lässt sich hier eine wachsende Diskrepanz zwischen den theoretischen Grundlagen und den maßgeblich zur Verwendung kommenden Methoden beobachten, was sich in der zunehmenden Dominanz umfragebasierter Einstellungsforschung niederschlägt. Dies muss nicht bedeuten, dass solche Methoden zwangsläufig ‚falsch' sind, sondern dass vielmehr eine sorgfältige Reflexion sowie Überbrückungsleistung zwischen Theorie und Methode vonnöten ist.

Wie im vorherigen Kapitel dargelegt, greift Muddes Populismusdefinition maßgeblich auf den Ideologiebegriff Michael Freedens zurück. Freeden hat ein konstruktivistisches Ideologieverständnis: Jede Ideologie besteht demnach aus einem Beziehungsgeflecht zwischen Kernbegriffen, die in ihren Sinnrelationen zueinander Bedeutung schaffen. Im Populismus sind die Kernbegriffe laut Muddes Definition „Volk" gegen „Elite" sowie „Souveränität" und „Allgemeinwille" des „Volkes", die wiederum mit anderen Begriffen aus ‚dickeren' Gastideologien (z. B. „Nation", „freie Märkte", „soziale Gerechtigkeit", etc.) in Kombination treten. Wie lässt sich also populistische Ideologie in der empirischen Forschungspraxis untersuchen? Ginge es nach Freeden, wäre eine systematische Begriffsanalyse vonnöten, die die Bedeutungszusammenhänge um populistische Kernbegriffe sowie deren Relationierungen mit jenen aus anderen Ideologien rekonstruiert. Im Gros der ideellen Populismusliteratur – einschließlich der einflussreichen Schriften von Mudde und Rovira Kaltwasser selbst – gibt es vereinzelte Anhaltspunkte für einen solchen morphologischen Ansatz, wenn auch ohne die Systematik von Freedens Begriffsrahmen: Anhand der öffentlichen Kommunikation einer beliebigen Partei und deren Führungsfiguren wird nachgezeichnet, wie Kategorien wie ‚das reine Volk', ‚die korrupte Elite' und der Allgemeinwille des ‚Volkes' besetzt werden.

Eine wichtige methodologische Innovation, die von Vertreter:innen des → ideellen Theorieansatzes gepriesen wird, ist die Ansiedlung von Populismus sowohl auf der ‚Angebotsseite' organisierter politischer Akteure als auch auf der ‚Nachfrageseite' individueller Wähler:innen. Mit anderen Worten: Es gibt sowohl populistische Parteien sowie Politiker:innen einerseits als auch populistische Bürger:innen und Wähler:innen andererseits. In diesem Zusammenhang bezeichnen Mudde und Rovira Kaltwasser Populismus als Ideensystem („set of ideas"), das sich sowohl in der öffentlichen Kommunikation politischer Parteien und Akteure als auch in den Einstellungsmustern von Umfrageteilnehmenden identifizieren lässt. Demnach werden Menschen im Rahmen einer Umfrage befragt, ob sie bestimmten Aussagen zur Affirmation der Volkssouveränität und Ablehnung von Eliten zustimmen, um ihren populistischen Einstellungsgrad festzustellen. Somit hat sich ein einstellungsbasierter Forschungsansatz herausgebildet, der innerhalb des ideellen Paradigmas zunehmend dominant geworden ist und nicht zuletzt von führenden ideellen Populismustheoretikern wie Mudde, Rovira Kaltwasser und Hawkins prominent angewendet wird.

Der Versuch, Populismus aus ideeller Theorieperspektive als Einstellungskomplex zu analysieren und zu messen, wirft Fragen auf, inwiefern die Übersetzung von Ideologie in Einstellungen durch Befragungen methodologisch reibungslos funktionieren kann (→ Lässt sich Populismus als Einstellungskomplex messen?). Ungeachtet dessen ist das dynamische Zusammenspiel der angebots- und nachfrageseitigen Analyse von Populismus als Ideenkomplex ein zentraler Markenkern der ideellen Forschungsagenda zu Populismus geworden.

Literaturtipps | Für methodologische Beiträge zur ideellen Populismusforschung siehe etwa: Hawkins, K. et al. (Hrsg.): The Ideational Approach to Populism: Concept, Theory, and Analysis, Routledge 2019. Für Freedens Ansatz zur Ideologieanalyse siehe folgendes Buch: Freeden, M.: Ideologies and Political Theory: A Conceptual Approach, Oxford University Press 1996.

Wie analysiert man Populismus als Stil?

Der stilistisch-performative Ansatz hat in den letzten Jahren zunehmend an Beliebtheit in der empirischen Forschung sowie an Formalisierung durch gemeinsame Publikationen seiner Vertreter:innen gewonnen. Die Anwendung des stilistischen Theorieansatzes in Anlehnung an Ostiguy und Moffitt dreht sich grundsätzlich um die Operationalisierung von Performativität sowie der kulturellen Niedrig-Hoch-Achse als zentraler Dimension zur Verortung von Populismus.

Ostiguy argumentiert bereits in seinen frühen Schriften zur Theoretisierung des Populismus, dass ein stilistischer Ansatz in methodologischer Hinsicht eine stark visuelle Komponente mit sich bringt: Die Art und Weise, wie politische Akteur:innen beispielsweise im Rahmen von Wahlkampfveranstaltungen, Fernsehdebatten, Werbespots, Reden u. Ä. auftreten, muss demnach ausgewertet werden, um die performative Austragung eines populistischen Stilmittels zu identifizieren. So gesehen kristallisiert sich Populismus als performative Zurschaustellung des kulturell ‚Niedrigen' (*flaunting of the low*) in der Verhaltensweise heraus, die Politiker:innen auf öffentlicher Bühne an den Tag legen. In jüngerer Vergangenheit sind zahlreiche Studien über Populismus mit stilistisch-performativem Theoriebezug – insbesondere in Anlehnung an Moffitt – dazu übergegangen, vor allem visuelle Auswertungsmethoden zu verwenden, beispielsweise visuelle Inhaltsanalyse mit einem Kodierungsschema von soziokulturellen Normen und Eigenschaften, die dann auf Social-Media-Beiträge auf Plattformen wie Facebook und Instagram angewendet wird. Demnach wird durch die Selbstinszenierung von Politiker:innen neben ‚einfachen Menschen', mit bestimmter (‚normal' anmutender) Kleidung und an gewissen (alltäglichen, außerinstitutionellen) Orten ein populistischer Stil zum Ausdruck gebracht.

Solche visuellen Auswertungsmethoden haben insofern einen stark interpretativen Charakter, als die Relationierungen zwischen bestimmten Menschen(-gruppen) und Objekten aus Bildmaterial herausgedeutet werden müssen, dessen Sinngehalt wiederum nicht immer unmittelbar ‚ablesbar' ist. Der relationale und interpretative Charakter des methodischen Vorgehens öffnet nicht zuletzt Überschneidungen mit diskursanalytischen Ansätzen, die in vielen Fällen zusammengedacht werden (→ Inwiefern lassen sich verschiedene Methoden der Populismusforschung miteinander kombinieren?).

Literaturtipp | Für methodologische Überlegungen und Weiterentwicklungen siehe etwa den folgenden Band: Ostiguy, P.; Panizza, F.; Moffitt, B. (Hrsg.): Populism in Global Perspective: A Performative and Discursive Approach, Routledge 2021.

Wie analysiert man Populismus als Strategie?

Der mobilisierungsstrategische Ansatz hat sich nicht zuletzt angesichts seines fortgeschrittenen Alters als bekannte Größe in der Forschungsliteratur etabliert. Die Anwendung des → strategischen Ansatzes insbesondere in Anlehnung an Weyland hebt das Element personalistisch-plebiszitärer Führung hervor, die in erster Linie nicht an diskursiven Aussagen oder auch ideologischen Eckpunkten, sondern an Regierungshandeln und -praktiken festgemacht wird.

Weyland grenzt seinen strategischen Ansatz von den diskursiven und ideellen Paradigmen auch in methodologischer Hinsicht ab, indem er politisches Handeln insbesondere aus einer exekutiven Machtposition heraus als zentraler Ort für die Analyse von Populismus hervorhebt. So gesehen lässt sich eine populistische Strategie daran erkennen, wie mit institutionellen Arrangements umgegangen wird und bestimmte Regierungsinstrumente aufgewertet werden: beispielsweise durch den Einsatz regierungsseitig initiierter Volksabstimmungen, die Aushebelung von Gewaltenteilungsmechanismen und institutionellen Vetospielern, die Ausweitung exekutiver Kontrolle auf die Justiz oder auch neue Verfassungsgebungen unter Berufung auf ‚das Volk'. Auf dieser Grundlage lassen sich demnach verschiedene Pfade zum institutionellen Wandel unter populistischer Herrschaft identifizieren.

Die Fokussierung auf Regierungspraktiken und Populismus an der Macht zeichnet den strategischen Ansatz im Gegensatz zu den drei vorher genannten Paradigmen aus, die sich allesamt auf die Auswertung öffentlicher Kommunikation stützen müssen, um Populismus als Diskurs, Ideologie oder Stilmittel identifizieren zu können.

Literaturtipp | Siehe folgende Bestandsaufnahme der Populismusforschung aus dieser Theorieperspektive: Weyland, K.: Populism as a Political Strategy: An Approach's Enduring – and Increasing – Advantages, in: Political Studies, 69, 2, 2021, S. 185–189.

Lässt sich Populismus als Einstellungskomplex messen?

Gibt es so etwas wie ‚populistische Einstellungen'? Die These, die von prominenten Vertreter:innen des → ideellen Theorieansatzes stark gemacht wird, lautet: Ja, Populismus als dünne Ideologie gibt es nicht nur im Politikangebot und in der öffentlichen Kommunikation organisierter politischer Akteur:innen, sondern auch in den Köpfen der Menschen, seien dies Politiker:innen oder auch einfache Wähler:innen. Eine rasant wachsende Literatur innerhalb der Populismusforschung setzt auf Umfragen zur Messung populistischer Einstellungen in der Bevölkerung, die sich demnach als Ausdruck populistischer Ideologie auf individueller Wählerebene betrachten lassen. Nach der geläufigen „Akkerman-Skala" werden Umfrageteilnehmende beispielsweise gefragt, ob sie diversen Aussagen etwa zur Vorstellung von Politik als Kampffeld zwischen „Gut" und „Böse" und zur Durchsetzung des Willens des „Volkes" (entgegen den „Politikern") zustimmen.
Aus theoretischer Sicht ist das Argument erst einmal plausibel, dass, wenn Populismus als Ideenkomplex konzeptualisiert wird, dieser sich wiederum genauso gut auf individueller Einstellungsebene verorten lassen müsste. Dabei stellt sich die Frage, inwiefern die Übersetzung von Ideologie in Einstellungen durch Befragungen konsistent gegenüber den theoretischen Grundlagen des ideellen Ansatzes bleibt. Als zentrale Frage lässt sich an dieser Stelle hervorheben, ob das Instrument einer Befragung den verschiedensten möglichen Konstruktionen

von Kategorien wie → ‚Volk' und → ‚Elite' gerecht werden kann. Aus → ideeller Theorieperspektive ist populistische Ideologie „dünn" gerade in dem Sinne, dass Kernbegriffe wie ‚Volk' und ‚Elite' mit ganz unterschiedlichen Inhalten gefüllt werden können. Wenn Bernie Sanders beispielsweise behauptet, dass das arbeitende Volk von Milliardären ausgebeutet wird und deshalb von einem starken Kongress vertreten werden muss, und wenn Donald Trump dagegen behauptet, dass ein Milliardär wie er selbst das arbeitende Volk gegen die korrupten Politiker im Kongress vertreten muss, sind dies beides durchaus populistische Aussagen, wobei die spezifischen Pro- und Antagonisten neben ‚Volk' und ‚Elite' fast spiegelbildlich getauscht sind. Wenn aber Menschen im Rahmen einer Umfrage mit der Aussage konfrontiert werden, dass „das Volk und nicht die Politiker" die wichtigsten politischen Entscheidungen treffen soll, wird hiermit lediglich eine mögliche Form des Populismus erfasst („das Volk" gegen „die Politiker") und dabei eine ganze Reihe von anderen Möglichkeiten (z. B. „das Volk" gegen „die Superreichen") von vornherein ausgeblendet. Insofern gibt es ein Validitätsproblem: Das, was gemessen wird, ist nicht Populismus im Allgemeinen, sondern lediglich eine mögliche Spielart, wo ‚die Elite' als „die Politiker" ausgemacht wird. Das gesamte Spektrum an möglichen Konstruktionen von ‚Volk' und ‚Elite' im Rahmen einer Befragung abzudecken, wäre aber schlichtweg unmöglich. So gesehen stellt sich die Frage, inwiefern das analytische Instrument einer Umfrage überhaupt geeignet wäre, um das genannte Validitätsproblem zu überwinden.

Diese Frage ist nicht zuletzt wichtig, da das ideelle Paradigma nach wie vor eine herausragende Stellung innerhalb der Populismusforschung genießt und dass einstellungsbezogene Ansätze wiederum innerhalb des ideellen Forschungsparadigmas zunehmend dominant werden. Hier müsste im Einzelfall zumindest sorgfältig überlegt werden, inwiefern die definitorischen Grundlagen und die analytische Umsetzung miteinander übereinstimmen.

Literaturtipps | Zur sog. Akkerman-Skala siehe den folgenden Aufsatz: Akkerman, A.; Mudde, C.; Zaslove, A.: How Populist Are the People? Measuring Populist Attitudes in Voters, in: Comparative Political Studies, 47, 9, 2016, S. 1324–1353. Siehe auch als Kritik an diesem Ansatz:

Kim, S.; Mondon, A.: From Objectivist Bias to Positivist Bias: A Constructivist Critique of the Attitudes Approach to Populism, in: Political Studies Review, 2024, S. 1–15.

Inwiefern lassen sich verschiedene Methoden der Populismusforschung miteinander kombinieren?

Es ist durchaus möglich, im Rahmen einer reflektierten Vorgehensweise zur Passfähigkeit und Konsistenz zwischen Theorie und Methode eine Kombination mehrerer methodologischer Ansätze vorzunehmen. Die hier vorgestellten Paradigmen der Populismusforschung sollten nicht als in sich geschlossene Entitäten verstanden werden, sondern zeichnen sich gerade durch ihre Weiterentwicklungsfähigkeit sowie Dialogbereitschaft mit anderen Forschungsansätzen aus. Dabei besitzen sie eigene theoretisch-definitorische Grundlagen sowie analytisch-methodologische Orientierungen, deren Vereinbarkeit mit anderen Paradigmen entsprechend unterschiedlich ausfallen kann und sorgfältig reflektiert werden muss.

In der Literatur ist das auffälligste Beispiel für methodologische Kombinierbarkeit jene zwischen den diskursiven und stilistisch-performativen Ansätzen. In diesem Zusammenhang sprechen Moffitt und Ostiguy in jüngerer Zeit sogar von einem integrierten „performativ-relationalen Ansatz", der die diskurstheoretische Perspektive Laclaus mit der ästhetisch-performativen Dimension des stilistischen Ansatzes anreichert. Die Kompatibilitäten liegen auf der Hand: Sowohl der diskursive als auch der stilistische Ansatz zeichnet sich durch relational-semiotisch geprägte Theoriegrundlagen und eine interpretative Orientierung aus, indem die sinnstiftenden Relationen zwischen Objekten durch die Interpretation textueller und visueller Materialien entziffert werden und dadurch populistische Bedeutungskonstruktionen bzw. -zusammenhänge analytisch ans Licht gebracht werden. Nach beiden Ansätzen stellt Populismus letztlich eine performative Praxis dar, die sich im dynamischen Zusammenspiel von Sprechen und Handeln herauskristallisiert und dementsprechend durch die Auswertung öffentlich getätigter Sprechakte und nicht zuletzt auch Bilder analysiert werden muss.

Die Fokussierung auf öffentliche Kommunikation und Rekonstruktion von Sinnstrukturen kennzeichnet ebenfalls die ursprüngliche ideelle Populismusdefinition von Cas Mudde in Anlehnung ans konstruktivistische

Ideologieverständnis Michael Freedens (→ Was besagt der ideelle Theorieansatz?). Nach dem morphologischen Ansatz Freedens müsste vor allem das Beziehungsgeflecht von Begriffselementen in der Diskursproduktion einer beliebigen politischen Kraft nachgezeichnet und rekonstruiert werden. In der ideellen Forschungsliteratur zu Populismus sind systematische Anwendungen von Freedens Ansatz eher selten, wohingegen die rasant wachsende Literatur zu populistischen Einstellungen anhand umfragebasierter Anwendungen der ideellen Populismusdefinition an Verbreitung und Formalisierung gewinnt (→ Lässt sich Populismus als Einstellungskomplex messen?).

Es ist insgesamt nicht auszuschließen, dass die vier genannten Forschungsparadigmen im Zuge ihrer weiteren Entwicklung in Zukunft weitere Kombinationsmöglichkeiten eingehen werden. Dies hängt nicht zuletzt davon ab, wie die Vertreter:innen eines beliebigen Paradigmas die eigenen Definitionsgrundlagen interpretieren und anwenden, wie das Beispiel mit populistischen Einstellungen aufzeigt.

Die Geschichte des Populismus

Populismus hat eine lange und vielfältige Geschichte. Beispiele für Populismus lassen sich je nach Theorieperspektive sogar in der Antike finden. Dieses Kapitel liefert einen Überblick der verschiedenen Formen des Populismus über die Jahrzehnte und Jahrhunderte.

Wann gab es den ersten Populismus?

Es ist unter den verschiedenen Theorieparadigmen der Populismusforschung umstritten, inwiefern Populismus bereits in der Antike auffindbar ist oder im Gegenteil ein erst in der Moderne auftretendes Phänomen darstellt (→ nächste Frage). Vertreter:innen des diskursiven Theorieansatzes in Anlehnung an Ernesto Laclau tendieren dazu, Populismus als formelle Diskurslogik unabhängig vom Zeitalter zu verorten und bespielsweise sogar bereits im antiken Rom zu identifizieren, wohingegen der ideelle Theoretiker Jan-Werner Müller argumentiert, dass Populismus erst im Schatten des demokratischen Imaginären, d. h. nach dem epochalen Einschnitt der Französischen Revolution 1789 entsteht. Als beispielhaft für Populismus in der klassischen Antike wird häufig die Entstehung der ‚Plebejer' als politisches Subjekt in der Römischen Republik angeführt. Im 5. Jahrhundert v. Chr. wurde im Zuge von Konflikten zwischen den einfachen Bürgern (*plebs*) und den Patriziern der Republik die *Tribunis plebis* als Kollektivvertretung der Plebejer eingerichtet. Der Begriff „Tribun" bzw. „Volkstribun", der heute nicht zuletzt mit Populismus in Verbindung gebracht wird, bezog sich in diesem Kontext auf das (männlich besetzte) Vertretungsorgan, das im Namen der plebejischen Massen Gesetzesinitiativen vorlegen durfte. Zu den bekannten Beispielen gehören die Gracchus-Brüder, die mit ihrer Umverteilungs- und Erneuerungsagenda gelegentlich als Populisten bezeichnet werden. In diesem Zusammenhang verweist Laclau in seiner Populismustheorie auf die Lücke zwischen *plebs* und *populus* als Entstehungsort von Populismus, indem die unterprivilegierten Massen ‚hier unten' (*plebs*) den Hegemonialanspruch erheben, die Gesamtheit des ‚Volkes' (*populus*) in Abgrenzung von den wenigen ‚da oben' zu bilden.

Der deutsche Populismusforscher Kolja Möller nennt als Ausgangspunkt seiner kurzen Geschichte des Populismus das mittelalterliche Beispiel des römischen „Volksaufstands" 1347 um Cola di Rienzo, der sich feierlich im Namen eines souveränen Stadtvolks zum Tribun Roms erklärte. Hier verdichtet sich nicht nur ein Anknüpfungsversuch an eine Politik unter Berufung auf die plebejischen Massen in der altrömischen Tradition, sondern auch die Kurzlebigkeit dieses Versuchs nach anfäng-

lich feierlicher Aufbruchsstimmung mit dem unrühmlichen Abgang Colas vor dem Hintergrund andauernder Unruhen sowie Konflikte mit den Aristokraten der Stadt. Für Möller bildet der Volksaufstand 1347 einen wichtigen Bezugspunkt in der Geschichte des Populismus als Politikform, die grundsätzlich auf einer Zweiteilung in ein Volkssubjekt als verfassungsgebende Gewalt einerseits und die ‚Oberen' andererseits beruht, denen vorgeworfen wird, der Gründungsmacht des Volkes als Legitimationsquelle jeglicher politischer Ordnung nicht gerecht zu werden.
In diesen Beispielen zeigt sich die Möglichkeit, Populismus nach den heutigen Definitionen auch in vormodernen Kontexten zu identifizieren. Die Frage, wie weit in die Vergangenheit hinein populistische Phänomene und Referenzpunkte zurückgeführt werden können, hängt grundsätzlich von der gewählten Theorieperspektive ab. Eine Betrachtung von Populismus als sowohl in vormodernen als auch in modernen Zeiten auftretendes Phänomen setzt eine tendenziell formelle Theorieperspektive voraus, die Populismus an dessen Sinnstruktur festmacht und nicht etwa an eine von heutigen Verhältnissen ausgehende Zeitdiagnose gebunden ist.

Literaturtipp | Siehe Möllers kurze Geschichte des Populismus: Möller, K.: Volksaufstand und Katzenjammer. Zur Geschichte des Populismus, Klaus Wagenbach 2020.

Inwiefern ist Populismus eine rein moderne Erscheinung?

Die These, dass Populismus eine Besonderheit der Moderne darstellt, wird an prominenter Stelle vom deutschen politischen Theoretiker und Ideenhistoriker Jan-Werner Müller vertreten. Müller beruft sich auf den einflussreichen französischen Demokratietheoretiker Claude Lefort, der Demokratie als eine bestimmte Vorstellungsweise von gesellschaftlicher Ordnung versteht: Anders als in der absoluten Monarchie, wo Herrschaft in der Person des Königs einen festen Platz hat, setzt Demokratie ein grundlegendes Ungewissheitsbewusstsein voraus, sofern die Konturen von Macht, Herrschaft und gesellschaftlichem Zusammenleben von den Ergebnissen regulärer politischer Auseinandersetzungen (z. B. im Rahmen freier und fairer Wahlen) abhängen. Populismus, so die These Müllers, akzeptiert diese Ungewissheit grundsätzlich nicht: Er will absolute Gewissheit wiederherstellen, dass ‚das Volk' ausschließlich von einer einzig legitimen Partei, von einem einzig legitimen Führer vertreten werden kann. Insofern versteht Müller Populismus ähnlich wie historische Formen des Totalitarismus in Anlehnung an Lefort: Es handelt sich demnach um eine moralistisch aufgeladene, antidemokratische Vorstellung von Politik, die aber erst im Schatten des demokratischen Imaginären entsteht und eine endgültige Einlösung des demokratischen Prinzips der Volkssouveränität verspricht, indem ein einzig legitimer Volksführer installiert und dadurch der demokratische politische Wettbewerb außer Gefecht gesetzt wird.

Müller war nicht der erste, der die Metapher des Schattens für das Verhältnis von Populismus und Demokratie verwendete: Die britische politische Theoretikerin Margaret Canovan argumentierte bereits am Ende des 20. Jahrhunderts, dass Populismus die Demokratie wie ein Schatten begleitet, indem er das demokratische Gründungsversprechen der Volkssouveränität aufgreift und gleichzeitig auf ihre Schattenseite verweist, indem das Versprechen einer endgültigen Einlösung der Volkssouveränität auf die Möglichkeit einer totalitären Kurzschließung der demokratischen Auseinandersetzung um ‚das Volk' hindeutet. Anders als Müller folgert Canovan daraus nicht, dass Populismus zwangsläufig zu einer solchen antidemokratischen Kurzschließung des pluralen Wettbewerbs führen muss, auch wenn das Potenzial hierzu im Populismus grundsätzlich vorhanden ist. Dabei argumentiert Canovan in gegenwartsdiagnostischer Hinsicht, dass die Versuchung von Populismus umso größer wird, je komplexer und weiter entfernt von der breiten Masse der Bürger:innen die institutionellen Arrangements sowie Entscheidungsprozesse in heutigen politischen Systemen werden. Die immer wiederkehrende Möglichkeit des Populismus verweist demnach auf die Herausforderung für moderne Demokratien, die nie vollständig überbrückbare Kluft zwischen „Politik" und „Volk" zu navigieren.

Die Diagnose von Populismus als ein in der Moderne verwurzeltes Phänomen geht mit einem Verständnis von Demokratie als historisch einzigartige Erscheinung einher, was wiederum mit dem Lefortschen Blickwinkel von Denker:innen wie Canovan und Müller verbunden ist. Demokratie bildet demnach eine historisch neuartige Art und Weise, Gesellschaft zu denken und einzurichten, die nicht zuletzt den Raum für populistische Herausforderungen im Namen einer uneingelösten Souveränität des Volkes erst überhaupt schafft. Im Spiegel solcher Diagnosen ist gerade die scheinbare Unmittelbarkeit von Politik in der klassischen Antike, als sich ein Volkstribun im Namen der plebejischen Massen einrichten ließ, im komplexen Institutionengefüge moderner Demokratien verloren gegangen – auch wenn mythische Bezugspunkte des Volksaufstands nicht gänzlich verschwunden sind und (etwa nach der Lesart Kolja Möllers) in Form neuer Populismen zum Ausdruck kommen.

Literaturtipps | Für Müllers Ausführungen zu Populismus in Anlehnung an Lefort siehe folgenden Aufsatz: Müller, J.-W.: „The People Must Be Extracted from Within the People": Reflections on Populism, in: Constellations, 21, 4, 2014, S. 483–493.
Canovans These findet sich im bereits erwähnten Literaturtipp: Canovan, M.: Taking Politics to the People: Populism as the Ideology of Democracy, in: Mény, Y.; Saurel, Y. (Hrsg.), Democracies and the Populist Challenge, Palgrave Macmillan 2002, S. 25–44.

Welche Beispiele für Populismus gibt es in der Geschichte des politischen Denkens?

Als beliebter Bezugspunkt – mitunter sogar als der Gründungsvater schlechthin – für Populismus in der Geschichte der politischen Theorie gilt der Philosoph Jean-Jacques Rousseau aus dem 18. Jahrhundert. Insbesondere seine Vorstellung des Allgemeinwillens (*volonté générale*) wird als Kernelement des Populismus angeführt. So argumentiert Cas Mudde in seiner ideellen Populismusdefinition, dass die Idee, dass das „Volk" einen Allgemeinwillen besitzt und dass es in der Politik um die Durchsetzung dieses Allgemeinwillens gehen muss, zum Begriffskern populistischer Ideologie gehört. Nach Rousseau ist der Allgemeinwille grundsätzlich vom Willen aller *(volonté de tous)* zu unterscheiden und bezeichnet das, was eine Gemeinschaft als Ganze durch Deliberation an kollektiver Entscheidung herbeiführt, wohingegen der Wille aller die bloße Summierung der Präferenzen eines jeden Einzelnen (z. B. in Form eines Votums) bezeichnet. In Muddes Lesart wird allerdings das für Rousseau zentrale Element der Deliberation ausgeklammert: Bezeichnet für Rousseau der Allgemeinwille eine besonders intensive Form der Bürgerbeteiligung auf lokal-gemeinschaftlicher Ebene, bedeutet der Begriff für Mudde vor allem die Vorstellung eines einheitlichen Kollektivwillens jenseits von Wahlergebnissen, der in einer populistischen Führungsfigur verkörpert und gegen die angeblich illegitime Herrschaft der ‚korrupten Elite' gewendet wird.

Die in der Populismusforschung weit verbreitete Rezeption von Rousseau als populistischer Vordenker tendiert insgesamt dazu, den Aspekt der Führungszentrierung und das autoritäre Potenzial des Populismus zulasten der Dimension der Bürgerbeteiligung hervorzuheben. Direkt- bzw. partizipativ-demokratische Verfahren in Anlehnung an Rousseaus Vorstellung des Allgemeinwillens spielen in den meisten Definitionen von Populismus keine (oder höchstens eine untergeordnete) Rolle, wohingegen der Anspruch einer Führungsfigur, den Volkswillen in seiner Person restlos zu verkörpern, ein zentrales Element der Begriffsbestimmungen bei diversen Theoretikern des Populismus (z. B. Jan-Werner Müller, Kurt Weyland) bildet. Interessanterweise ist Rousseau als Inspirationsquelle einer populistischen Formation heute in Form der Fünf-Sterne-Bewegung in Italien aufgegriffen worden, die bis 2021 eine Online-Plattform namens „Rousseau" für Mitgliederabstimmungen über Kandidatenlisten sowie bestimmte Exekutivbeschlüsse verwendete. Auch hier kommt eine vor allem plebiszitäre (statt deliberativer) Auslegung von Rousseaus Denken auf der Ebene parteipolitischer Praxis zum Vorschein.

Ein weniger bekanntes Beispiel für populistisches politisches Denken, das in mancherlei Hinsicht sogar eher zu heutigen Definitionen des Populismus passt, bildet der tschechische Philosoph, Soziologe sowie erste Präsident der unabhängigen Tschechoslowakei Tomáš Garrigue Masaryk. In seinen Schriften zur „tschechischen Frage" prägte Masaryk den Begriff der „Volksmacht" *(lidovláda)*, um seine Vision einer Demokratie der Zukunft nach der angestrebten Unabhängigkeit von Österreich-Ungarn darzulegen. In Abgrenzung von bürgerlich-demokratischen und marxistischen Ansätzen plädierte Masaryk hiermit für die Herrschaft aller Klassen und bezeichnete den Unabhängigkeitskampf gegen eine herrschende „theokratische Autokratie“ als Teil einer Bewegung der gesamten Menschheit hin zur humanistischen Selbstverwirklichung. Hier zeigt sich eine Konstruktion eines souveränen „Volkes“ als verbindende Kategorie aller gesellschaftlichen Gruppen in Abgrenzung gegen ein repressiv-monarchistisches Regime sowie in Solidarität mit den Befreiungskämpfen anderer Völker.

In jüngerer Vergangenheit hat es in Debatten um den Populismusbegriff (wenn auch sehr selten) explizit normativ propopulistische Positionen gegeben: beispielsweise beim schwedischen Philosophen Torbjörn Tännsjö, der Populismus im Sinne der Verteidigung der Volkssouveränität als wahre Essenz der Demokratie versteht. Im Kontext von Strategiedebatten innerhalb linker theoretischer Kreise gibt es vereinzelt Stimmen, die eine linkspopulistische Strategie (nicht zuletzt in Abgrenzung gegen rechtspopulistische Erscheinungen) befürworten: in Europa beispielsweise von Chantal Mouffe, die die möglichen „Synergieeffekte“ zwischen linkspopulistischer und radikaldemokratischer Politik im Sinne einer Erweiterung und Vertiefung von Freiheits- und Gleichheitsrechten für alle im Namen eines inklusiven „Volkes“ hervorhebt. In den USA knüpfen Denker:innen wie Thomas Frank und Laura Grattan an die historische Erfahrung mit Populismus als Graswurzelbewegung (*grassroots movement*) für soziale Reformen an und plädieren vor diesem Hintergrund für einen inklusiven, demokratisierenden Populismus im heutigen Kontext.

Literaturtipps | Zu den befürwortenden Positionen in den Populismusdiskussionen siehe den Beitrag von Tännsjö: Tännsjö, T.: Populist Democracy: A Defence, Routledge 1992.
Mouffes Plädoyer für Linkspopulismus findet sich im folgenden Buch: Mouffe, C.: Für einen linken Populismus, Suhrkamp 2018.
Zu den Thesen von Frank, der im selben Zuge eine kurze Geschichte des Antipopulismus herausarbeitet, siehe folgendes Buch: Frank, T.: The People, No: A Brief History of Anti-Populism, Metropolitan 2020.
Für Grattans Analyse des Populismus in den USA siehe auch: Grattan, L.: Populism's Power: Radical Grassroots Democracy in America, Oxford University Press 2016.

Welche Beispiele für populistische Bewegungen oder Parteien im 19. Jahrhundert gibt es?

Insbesondere die letzten Jahrzehnte des 19. Jahrhunderts werden häufig mit der Entstehung populistischer Bewegungen in Verbindung gebracht. Als paradigmatische Beispiele hierfür gelten die → People's Party bzw. → Populists („Populisten") in den USA und die → Narodniki („Volkstümler") im russischen Zarenreich, die wichtige historische Bezugspunkte für Diskussionen über den Populismusbegriff bilden. Beide Bewegungen stellten in politisch höchst unterschiedlichen Kontexten den Namen des „Volkes" in den Mittelpunkt politischer Auseinandersetzungen: im Fall der Populists beispielsweise um Fragen wie Steuerprogression, expansive Geldpolitik durch freie Prägung von Silbermünzen („freies Silber") und Arbeitszeitverkürzungen. Als damaliger Höhepunkt populistischer Politik in den USA gilt die Nominierung von William Jennings Bryan als Präsidentschaftskandidat der Demokraten und der Populisten bei den Wahlen 1896. Bryan trat auf dem Nominierungskongress mit einer flammenden Rede (die sog. *Cross of Gold speech*) im Namen des leidenden „Volkes" gegen den Goldstandard auf, verlor aber letztlich die Präsidentschaftswahl mit 46,7 Prozent der Stimmen. Im Fall der Narodniki handelte es sich um eine Bewegung urbaner Intellektuellen, die mit ihrer Kampagne „Gang zum Volk" aufs Land zogen, um mit den Bäuerinnen und Bauern in einfachen Verhältnissen zu leben und von dort aus das Potenzial für revolutionären Wandel gegen das zaristische Regime aufzubauen. Die Narodniki betrachteten insbesondere die ländlich-bäuerliche Dorfkommune (*obschtschina*) als Keimzelle einer zukünftigen sozialistischen Gesellschaft, wurden aber in ihren agitatorischen Bemühungen mit dem Argwohn vieler Dorfbewohner:innen sowie Repressalien seitens der Behörden konfrontiert, was viele der Narodniki letztlich in den gewaltorientierten Untergrund trieb.

Sowohl die → Populists als auch die → Narodniki sind heute als agrarisch orientierte Bewegungen bekannt, die dabei auf der Vorstellung eines klassenübergreifenden Bündnisses der Bauernschaft mit Teilen der industriellen Arbeiterschaft und der progressiv-urbanen Intelligenz fußten. Beide Bewegungen litten in der Praxis unter den Grenzen solcher querschneidender Bündnisbildungsversuche. Bei der Frage der Volkssolidarität mit Frauen und Schwarzen gab es unter den Populists in den USA divergierende Stimmen, von inklusiven Ansätzen bis hin zur Befürwortung weißer Vorherrschaft. Im russischen Kontext taten sich viele Narodniki schwer, mit ihrer urbanen Lebensweise – beispielsweise auch mit ihren progressiven Geschlechternormen – in der radikal unterschiedlichen Kultur der Dorfgemeinden Akzeptanz zu finden.

Lange vor den Populisten und Narodniki lässt sich die Chartist Movement ab 1838 in Großbritannien als mögliches Beispiel für Populismus anführen. Die Bewegung der sog. Chartisten entstand mit der People's Charter („Volkscharta") von 1838, die eine Reihe von Bürgerrechten um die Erweiterung des aktiven und passiven Wahlrechts mit geheimer Stimmabgabe forderte. Neben diesen Forderungen kamen ökonomische Beschwerdelagen hinzu, die in Streikaktionen und Ausschreitungen in verschiedenen Teilen des Landes mündeten. In seiner Populismustheorie bezieht sich Ernesto Laclau auf die Chartisten insbesondere im Lichte der Analyse des britischen Historikers Gareth Stedman Jones als Beispiel für eine populistische Bewegung im 19. Jahrhundert. Nach dieser Lesart hatte die Chartist Movement den Charakter eines höchst heterogenen, weitgehend unkoordinierten und führungslosen Volksaufstands in einer frühen Phase der Industrialisierung, als verschiedenste Dislokationen und Forderungen situativ zusammenkamen.

Schließlich lassen sich die möglichen Überschneidungen zwischen Populismus und den diversen romantischen Nationalismen im 19. Jahrhundert in Europa erwähnen. Bewegungen wie die „Volkslager" in den tschechischen Gebieten der österreich-ungarischen Doppelmonarchie oder auch die „völkische Bewegung" im deutschen Kaiserreich (sowie später in der Weimarer Republik) zeichneten sich durch einen besonders engen Bezug auf den Volksbegriff aus. Dabei handelte es sich um primär nationalistische (im Fall der völkischen Bewegung teilweise protofaschistische) Erscheinungen, die aber insbesondere im Fall der unabhängigkeitsbestrebenden Nationalismen auch zusätzlich populistische Elemente im Sinne der Konstruktion eines unterdrückten ‚Volkes' gegen fremde Herrschaft aufweisen können.

Welche Beispiele für populistische Bewegungen oder Parteien im 20. Jahrhundert gibt es?

Im Laufe des 20. Jahrhunderts gab es eine Reihe verschiedenster Phänomene in unterschiedlichen Weltregionen, die mit Populismus in Verbindung gebracht wurden und werden. Als ein erkennbares Cluster lassen sich verschiedene nationale Befreiungsbewegungen im Kontext der Dekolonialisation in Afrika und Asien sowie (teilweise damit einhergehend) diverse sozialprotektionistische, sog. importsubstituierende Entwicklungsregime in lateinamerikanischen und afrikanischen Staaten nennen, die jeweils von einem starken Bezug auf ein ‚Volk' als einfache, unterprivilegierte, souveräne Massen gekennzeichnet waren. Zu den prominenten Beispielen für die importsubstituierende Industrialisierung gehören (zumindest phasenweise) die Regierungen von Getúlio Vargas in Brasilien und Juan Perón in Argentinien, die mit ihren ideologisch diffusen, stark personalistischen Politiken sowie antioligarchischen Appellen als besonders wichtige historische Bezugspunkte für Populismus in Südamerika gelten. Im Fall Vargas, der 1930 durch einen bewaffneten Aufstand an die Macht gelangte, im Laufe des Jahrzehnts eine antikommunistische Diktatur errichtete, durch einen Militärputsch 1945 abgesetzt wurde und schließlich nach den Wahlen 1950 an die Macht zurückkehrte, war eine auf staatlich gesteuerte Rohstoffextraktion ausgerichtete nationalistische Entwicklungspolitik erkennbar. Perón zeichnete sich nach seiner Wahl zum Präsidenten 1946 mit einem antiimperialistischen und wohlfahrtsstaatsorientierten Entwicklungskurs aus, musste sich aber nach einem Militärputsch 1955 ins Exil begeben, bevor er nach seiner Rückkehr 1973 die Wahlen gewinnen und eine erneute, letztlich kurzlebige Amtszeit als Präsident antreten konnte.

In den entwickelten Industriegesellschaften Europas und Nordamerikas hingegen blieb Populismus in den ersten sechs Jahrzehnten des 20. Jahrhunderts in erster Linie mit agrarischen Bewegungen konnotiert. Auch wenn die → People's Party in den USA nur bis 1909 bestehen blieb, entstand in den 1930er Jahren mit Social Credit in Kanada eine agrarisch basierte (sowie stramm sozialkonservativ bis antisemitisch geprägte) Bewegung, die in ähnlicher Hinsicht wie die US-amerikanischen → Populists auf der Kernforderung nach der staatlichen Gewährleistung zinsfreier Kredite für Kleinproduzent:innen basierte und in den westlichen Bundesstaaten ihre Verankerung hatte. In Europa galten die 1952 als ländlich-kleinunternehmerisch geprägte Antisteuerbewegung entstandenen Poujadistes in Frankreich als Paradebeispiel für Populismus in den ersten Jahrzehnten nach dem Zweiten Weltkrieg. Die genannten Beispiele wurden in den Anfängen der modernen Populismusforschung in den 1960er Jahren – etwa im 1969 erschienenen Tagungsband „Populism: Its Meaning and National Characteristics" – rezipiert und diskutiert, als es erhöhtes Interesse am Populismus als primär agrarisch geprägtem Phänomen in den entwickelten Industrieländern sowie weitverbreiteter Erscheinung in der sog. globalen Peripherie gab.

Ab den 1970er und 80er Jahren rückten in verschiedenen europäischen Ländern neue populistische Phänomene von links und rechts in den Mittelpunkt, deren Traditionslinien bis heute erkennbar sind. Im Jahre 1972 gründete Mogens Glistrup die Fortschrittspartei in Dänemark, die mit radikalen Antisteuer- und Antimigrationspositionen für Furore sorgte und insbesondere in ihrer antibürokratischen Staatskritik populistische Elemente aufwies. Die Fortschrittspartei avancierte bei den Wahlen 1973 auf Anhieb zur zweitstärksten Kraft im Parlament und fungierte in den Folgejahren als wichtiger Bezugspunkt für neu aufkommende rechte Parteien in den skandinavischen Ländern. In Griechenland wurde mit dem Übergang von der Militärdiktatur 1974 Andreas Papandreou zu einer prägenden Figur der postautoritären Periode und zu einem vielzitierten Beispiel für → Linkspopulismus. Papandreou wurde 1974 Vorsitzender der sozialistischen PASOK-Partei und 1981 Premierminister nach deren Wahlsieg, woraufhin seine Regierung ein ambitioniertes Programm wohlfahrtsstaatlicher Expansion lancierte. Ab den letzten Jahren des 1980er Jahrzehnts kam der Aufstieg von Rechtsaußenparteien wie Vlaams Blok in Belgien, Front National in Frankreich und die Freiheitliche Partei Österreichs hinzu, die mit ihrer vehementen Ablehnung von „Masseneinwanderung" auch populistische Appelle gegen das etablierte politische System kombinierten.

Im Laufe der 1990er Jahre wurde Populismus zunehmend im Zusammenhang mit neoliberalen und unternehmerisch geprägten Spielarten rezipiert, die an prominenten Beispielen wie Silvio Berlusconi in Italien, Alberto Fujimori in Peru, Carlos Menem in Argentinien und im darauffolgenden Jahrzehnt auch Junichiro Koizumi in Japan festgemacht wurden. Insbesondere mit Blick auf den Fall Berlusconi als Medienunternehmer, der nach dem Zerfall der Christdemokraten mit seinem eigenen politischen Projekt „Forza Italia" bei den Wahlen 1994 antrat und nicht zuletzt durch den massenhaften Einsatz von Fernsehwerbungs- und Marketingtechniken über seine Medien die Wahlen gewinnen konnte, wurden Diagnosen einer stark mediatisierten „Audienzdemokratie" laut, die als fruchtbarer Boden für populistische Führungsfiguren außerhalb des etablierten Parteiensystems dient.

Welche Beispiele für populistische Bewegungen oder Parteien gibt es im 21. Jahrhundert?

Im 21. Jahrhundert gibt es mehrere Trends, die mit Populismus verbunden sind und als solche breit rezipiert werden. In den 2000er Jahren gab es die sog. ‚pink tide' („rosarote Welle") linkspopulistischer Wahlerfolge und Regierungsübernahmen in Lateinamerika, beginnend noch vor der Jahrhundertwende mit dem Wahlsieg von Hugo Chávez bei den Präsidentschaftswahlen 1998 in Venezuela. Es folgten u. a. die Präsidentschaftswahlerfolge von Lula da Silva in Brasilien 2002, Evo Morales in Bolivien 2005 und Rafael Correa in Ecuador 2006. Zu den gemeinsamen Merkmalen dieser Staatspräsidenten gehörten eine antiimperialistische Rhetorik gegen die geopolitische Vorherrschaft der USA, eine von staatlich gesteuerter Rohstoffextraktion gestützte Umverteilungs- und Wohlfahrtsstaatspolitik sowie transnationalistischen Handelsintegrations- und Vernetzungsbestrebungen miteinander, beispielsweise in Form von ALBA („Bolivarische Allianz für die Völker unseres Amerikas"). Mitte der 2010er Jahre geriet die linkspopulistische Erfolgsserie in mehreren Ländern unter Zugzwang, was in den Amtsverlust bzw. die Wahlniederlage der linken Regierungsparteien u. a. in Argentinien, Bolivien, Brasilien und Ecuador mündete. Seit 2018 ist allerdings mit den Wahlsiegen linkspopulistischer Kandidat:innen wie Andrés Manuel López Obrador in Mexiko 2018, Luis Arce in Bolivien 2020, Lula da Silva in Brasilien 2021, Gabriel Boric in Chile 2021 und Gustavo Petro in Kolumbien 2022 von einer neuen bzw. einer Fortsetzung der rosaroten Welle die Rede. Dabei lässt sich das veränderte Konkurrenzgeflecht im Kontext eines Erstarkens rechtsradikaler (mitunter auch als rechtspopulistisch bezeichneter) Galionsfiguren wie Jair Bolsonaro in Brasilien und José Antonio Kast in Chile hervorheben.

In Europa hingegen ist seit der Jahrhundertwende der rasante Aufstieg von (teilweise auch populistischen) Rechtsaußenparteien in den Vordergrund gerückt, der allerdings uneinheitlich ausfällt. Als wichtige Meilensteine gelten hierbei die tabubrechende Regierungsbeteiligung der Freiheitlichen Partei Österreichs von 2000 bis 2007, der Einzug Jean-Marie Le Pens in die zweite Runde der französischen Präsidentschaftswahlen 2002, die Erdrutschsiege von Fidesz in Ungarn sowie Recht und Gerechtigkeit (PiS) in Polen bei den Parlamentswahlen 2010 bzw. 2015 und schließlich das Brexit-Votum in Großbritannien 2016, bei dem die Rechtsaußenpartei UKIP sowie EU-feindliche Elemente innerhalb der Conservative Party eine maßgebliche Rolle spielten. Auch der Wahlsieg von Donald Trump bei den US-Präsidentschaftswahlen 2016 auf der anderen Seite des Atlantiks wird oft im selben Atemzug („Brexit und Trump") als prägendes Ereignis genannt. Populismus spielte für diese Parteien in unterschiedlichem Ausmaß und in bestimmten Phasen eine Rolle: Beispielsweise richtete der Front National während der Arbeitskampf- und Streikwelle 1995 verstärkt Appelle an ein aufständisches „Volk" gegen „die Elite", wohingegen Fidesz als Oppositionspartei während der krisengeschüttelten Legislaturperiode von 2006 bis 2010 an eine „soziale Mehrheit" gegen eine „neue Aristokratie" appellierte. Während der Brexit-Referendumskampagne argumentierten Vertreter:innen des EU-Austrittslagers teilweise populistisch gegen „die Politiker" und „die Experten", aber auch nativistisch gegen die angebliche Bedrohung unkontrollierter Migration.

Auch innerhalb Europas lässt sich eine große Vielfalt an populistischen Phänomenen im gegenwärtigen Jahrhundert beobachten, von linken über zentristische bis hin zu rechten Populismen (→ nächstes Kapitel). Eine kleinere Welle linkspopulistischer Erscheinungen gab es im Kontext der globalen Welle öffentlicher Platzproteste ab 2010/11, die mit dem Arabischen Frühling begann und in Südeuropa in Form der Indignados bzw. 15-M-Bewegung in Spanien sowie Aganaktismenoi in Griechenland Fuß fasste. In beiden Ländern traten diese Proteste als offene Bürgerbewegungen ohne Verbindungen mit etablierten Parteien und Verbänden auf, wobei die Kritik an Kürzungsmaßnahmen im Kontext der Eurokrise sowie politischen und wirtschaftlichen Eliten („die Politiker und Banker") im Namen des „Volkes" bzw. der „Bürgerschaft" auf eine linkspopulistische Stoßrichtung hindeutete. Im Nachgang dieser Proteste erlebten linkspopulistische Parteien wie Syriza in Griechenland und Podemos in Spanien einen elektoralen Aufstieg, der in beiden Ländern in Regierungsbeteiligungen mündete (Syriza als führende Regierungspartei von 2015 bis 2019 und Podemos als Juniorpartner von 2019 bis 2023).

Außerdem lässt sich die zumindest vorübergehende Erfolgsserie populistischer Parteien der (radikalen) Mitte erwähnen – von der Fünf-Sterne-Bewegung in Italien bis hin zu ANO um Andrej Babiš in Tschechien ab Anfang der 2010er Jahre –, die sich im Namen einer Ansammlung heterogener (oft auch als staatsfern und unternehmerisch ausgemachter) „Menschen" gegen das etablierte Parteien- und Institutionengefüge sträuben und sich dabei als jenseits von links und rechts präsentieren. An dieser Stelle haben sich Diskussionen über zentristischen Populismus als eigenständige Variante des Populismus entfacht (→ Gibt es einen Populismus der Mitte?). Ähnliche

Beispiele wie Daniel Noboa in Ecuador oder auch Ahn Cheol-soo in Südkorea legen nahe, dass es sich hierbei nicht um eine auf Europa beschränkte Spielart handelt.

Warum entsteht Populismus in modernen Gesellschaften?

Die Ursachen der Entstehung und der scheinbaren Hochkonjunktur des Populismus gerade in heutigen Gesellschaften bilden eine vieldiskutierte Frage in der Populismusforschung. Es gibt diverse groß angelegte Erklärungsansätze, die Populismus entweder als Gegenreaktion auf kulturelle Öffnung und Vielfalt in modernen Gesellschaften, als Antwort auf zunehmende ökonomische Ungleichheit und/oder als Produkt einer neuen Konfliktlinie zwischen sog. Globalisierungsgewinnern und -verlieren begreifen. Allerdings legen die vorausgegangenen Ausführungen sowohl zu den Begriffsbestimmungen und Theorien des Populismus als auch zur Vielfalt populistischer Phänomene in globaler und historischer Perspektive nahe, dass eine differenzierte Sicht notwendig ist und dass pauschale Erklärungsversuche in sowohl konzeptueller als auch empirischer Hinsicht fragwürdig erscheinen.

Geht man von der Volk-Elite-Gegenüberstellung als Definitionskern von Populismus aus, ist es logisch erst einmal nicht intuitiv nachvollziehbar, warum ein solches Phänomen grundsätzlich kulturelle, ökonomische oder auch sonst globalisierungssoziologisch ableitbare Gründe haben muss. Auch wenn man zusätzliche Definitionskriterien wie eine moralistische Aufladung der Volk-Elite-Gegenüberstellung bis hin zum Antipluralismus (→ ideeller Ansatz), eine performative Aneignung ‚niedriger' Verhaltensnormen (→ stilistischer Ansatz) oder auch eine personalistische Führungszentrierung (→ strategischer Ansatz) hinzufügen würde, folgt daraus bei weitem keine ideologisch-programmatisch oder auch soziostrukturell einheitlich bestimmbare Ausrichtung. Anders gesagt: Nach den herkömmlichen Definitionen des Populismus gibt es keinen apriorischen Grund zur Annahme, dass populistische Phänomene eine gemeinsame inhaltliche Ausrichtung entlang sozioökonomischer, soziokultureller oder sonstiger Klassifikationsdimensionen aufweisen werden. Auch wenn man ausgehend von einer gegenwartsdiagnostischen Betrachtung die eine oder andere gesellschaftliche Entwicklungstendenz im Zeitalter der Globalisierung als besonders erklärungsrelevant hervorheben sollte – sei dies zunehmende kulturelle Vielfalt, zunehmende ökonomische Ungleichheit oder auch zunehmende transnationale Integrationsprozesse –, sucht man vergeblich nach einem theoretisch zwingenden Grund, warum Populismus mit einer bestimmten Reaktionstendenz zu den genannten gesellschaftlichen Prozessen einhergehen muss. Empirische Studien, die anhand ausgefeilter statistischer Regressionen einen solchen Zusammenhang zwischen Populismus und inhaltlichen Positionierungen entlang der einen oder anderen Erklärungsdimension behaupten, müssen sich hinterfragen, was mit „Populismus" eigentlich gemeint ist und nach welchen Definitionskriterien bzw. anhand welcher empirischen Analyse diese oder jene Fälle als populistisch gezählt wurden. Wenn Populismus etwa von vornherein mit Rechtsnationalismus gleichgesetzt wird, lässt sich daraus bestimmt ein Zusammenhang konstruieren, bei dem allerdings der Begriff „Populismus" fehl am Platz wäre.

Auf rein theoretischer Ebene gibt es die These, dass Populismus grundsätzlich in Reaktion auf die unerfüllten Versprechen der Demokratie entsteht und dass dies theoretisch aus der Definition des Populismus insofern ableitbar ist, da sich die Gegenüberstellung von → ‚Volk' und → ‚Elite' aus dem demokratischen Versprechen der Volkssouveränität speist. Diese These wurde von Margaret Canovan sowie im deutschen Kontext von Dirk Jörke und Veith Selk in ihrem Einführungsband zu Theorien des Populismus vertreten. Für die These spricht grundsätzlich ihre theoretische Kohärenz: Demnach setzt die Volk-Elite-Gegenüberstellung als Grundmerkmal des Populismus per Definition voraus, dass die Kluft zwischen dem Ist- und Soll-Zustand jeglicher Demokratie, in der ‚das Volk' als symbolisch souveräne Instanz fungiert, moniert wird. Dieser demokratieimmanente Charakter ließe sich genauso gut auf autoritäre bzw. autokratische Populismen übertragen, die zumindest das Versprechen der Volkssouveränität aufgreifen und instrumentalisieren, auch wenn sie demokratiefeindlich ausgerichtet sind.

In diesem Zusammenhang lässt sich die These zusätzlich erwähnen, dass Populismus insbesondere in den letzten paar Jahrzehnten als Reaktion auf postdemokratische Zustände entstanden ist. Der Begriff → „Postdemokratie" bezeichnet aus unterschiedlichen theoretischen Blickwinkeln – beispielsweise beim britischen Soziologen Colin Crouch oder auch beim französischen Philosophen Jacques Rancière

– die Aushöhlung der Volkssouveränität in modernen Industriegesellschaften unter Berufung auf rationalen Konsens, technokratische Sachzwänge und/oder marktwirtschaftliche Imperative, die politischen Konflikt grundsätzlich überflüssig machen. Die Vertreter:innen der Postdemokratie-These kritisieren somit die Verwässerung des politischen Wettbewerbs und den Kompetenzverlust demokratisch gewählter Vertretungsorgane gegenüber Expertengremien und Marktkräften, die sich der demokratischen Kontrolle entziehen. Nach der Lesart von Denkern wie Dirk Jörke, Oliver Marchart, Veith Selk und Yannis Stavrakakis reklamieren populistische Phänomene die als ausgehöhlt und verlorengegangen empfundene Volkssouveränität unter postdemokratischen Zuständen. In dieser These kommen das bereits erwähnte Verständnis von Populismus als demokratieimmanentem Phänomen und eine gegenwartsdiagnostische Betrachtung des demokratischen Niedergangs zusammen. Dabei muss die Postdemokratie-These – wie alle theoretisch groß angelegten Gegenwartsdiagnosen auch – nicht nur empirisch differenziert überprüft werden, sondern auch daraufhin untersucht werden, inwiefern etwa Erzählungen von demokratischer Regression eine konkrete Rolle in populistischen Phänomenen spielen.

Literaturtipp | Zur Postdemokratie-These siehe etwa: Crouch, C.: Postdemokratie, Suhrkamp 2012; Rancière, J.: Das Unvernehmen, Suhrkamp 2002.

Wie unterscheiden sich Populismen heute von jenen des 19. oder 20. Jahrhunderts?

Ein Unterschied, der in den Bestandsaufnahmen der genannten Beispiele für Populismus aus dem 19., 20. und 21. Jahrhundert heraussticht, verdichtet sich in der scheinbar agrarischen Prägung vieler (wenn auch bei weitem nicht aller) Populismen im 19. und frühen 20. Jahrhundert. In den meisten Industriegesellschaften heute mögen Bewegungen wie die damaligen → Populists sowie → Narodniki schwer vorstellbar erscheinen, was aber nicht bedeutet, dass es generell keine agrarischen Bewegungen mehr gibt oder auch dass sie keine Überschneidungen mit Populismus aufweisen können. Beispiele wie die Anfang der 2000er Jahre erfolgreiche

Samoobrona-Partei („Selbstverteidigung der Republik Polen") in Polen oder auch die „Bauer-Bürger-Bewegung" in den Niederlanden deuten darauf hin, dass es das Phänomen des agrarischen Populismus auch im 21. Jahrhundert in Europa vereinzelt geben kann.

Eine wichtige Erkenntnis, die die neuen Formen des Populismus über die Jahrzehnte gebracht haben, betrifft gerade die soziostrukturelle Unbestimmtheit des Phänomens: Ging man in früheren Zeiten – beispielsweise in den Anfangsdebatten der modernen Populismusforschung in den 1960er Jahren – noch davon aus, dass Populismus eine bestimmte (vor allem agrarische) soziale Basis aufweist, hat sich diese Annahme seitdem als unhaltbar erwiesen, sofern man an der Gegenüberstellung von ‚Volk' und ‚Elite' als Definitionskern des Populismus festhält. Auch deshalb stoßen heutige Versuche, eine globalisierungssoziologisch ableitbare Basis des Populismus apriorisch vorauszusetzen, schnell auf ihre Grenzen: Entweder man behält die Volk-Elite-Gegenüberstellung als Definitionskern bei und stößt dabei auf eine Lawine an Gegenbeispielen für die ausgemachte soziale Basis – oder aber man schneidet die Populismusdefinition grundsätzlich auf eine soziostrukturelle Basis zu und muss dabei die Volk-Elite-Gegenüberstellung als quasi universal akzeptierten Definitionskern aufgeben. Populismus im Sinne von → ‚Volk' gegen → ‚Elite' gibt es mit verschiedensten Orientierungen und Anhängerbasen, vom akademischen prekariatsgestützten → Linkspopulismus von Podemos in Spanien über zahlreiche Rechtspopulismen mit ländlich-kleinstädtisch geprägter Wählerschaft bis hin zu Emmanuel Macron mit dessen populistischen Wahlkampf in der ersten Runde der französischen Präsidentschaftswahl 2017, der von unternehmerischen und wohlhabenden Schichten massiv unterstützt wurde.

Allgemein gesagt lässt sich als wichtigster Unterschied zwischen damals und heute festhalten: Heute ist das Universum an populistischen Phänomenen vielfältiger denn je. Cas Mudde nannte in seinem 2004 erschienenen Aufsatz zur Definition des Populismus eine Reihe von Hintergrundbedingungen in entwickelten Demokratien, die sich nicht nur mit dem Aufstieg, sondern auch mit der grundlegenden Vielfalt populistischer Phänomene der Gegenwart in Verbindung bringen lassen. Erstens haben sich die noch in den 1960er Jahren bekannten Parteibindungen in etablierten Mehrparteiendemokratien in weiten Teilen losgelöst: Es gibt immer weniger die über Jahrzehnte stabil erhaltenen, soziostrukturell verankerten Wählermilieus, die die Politologen Seymour Martin Lipset und Stein Rokkan Ende der 1960er Jahre mit ihrer „Einfrierungshypothese" (*freezing hypothesis*) beschrieben hatten. Zudem hat es eine allgemeine Expansion des Bildungszugangs sowie Strukturveränderungen der Medienlandschaft gegeben, die laut Mudde das Verhältnis von Bürger:innen und politischen Mandatsträger:innen verändert und nicht zuletzt die Zugänglichkeit von Elitenkritik in der Öffentlichkeit erleichtert hat. Vor diesem Hintergrund ist es nicht besonders überraschend, dass Populismus als zunehmend weit verbreitetes Phänomen der Gegenwart nicht zwangsläufig auf das eine ideologische oder soziostrukturelle Segment der Gesellschaft zu reduzieren ist. Um einige der vielen Varianten des Populismus sowie ihre regionale und länderspezifische Verteilung geht es in den nächsten beiden Kapiteln.

Varianten des Populismus

Nachdem in den vorangegangenen Kapiteln Populismus aus theoretischer und historischer Sicht erklärt wurden, soll dieses Kapitel verschiedene Ausprägungen von Populismus näher erläutern. Hierzu gehören Populismen von links, rechts und der Mitte sowie transnationale, regierungsförmige und führungslose Varianten.

Welche Varianten des Populismus gibt es?

Unabhängig davon, welcher Ansatz zur Begriffsbestimmung oder auch zur Operationalisierung von Populismus im Einzelnen herangezogen wird, stößt man in der Populismusforschung schnell auf Versuche der Typenbildung: → Links- und → Rechtspopulismus, demokratischer und autoritärer Populismus, in jüngerer Zeit zunehmend auch Regierungs- und oppositioneller Populismus. Welche Spielarten des Populismus überhaupt möglich sind, hängt dabei nicht zuletzt von der gewählten Theorieperspektive ab: Nach den Definitionen von Jan-Werner Müller oder auch Kurt Weyland kann es von vornherein keinen demokratischen Populismus geben. Beide Denker würden ebenfalls definitorisch voraussetzen, dass Populismus grundsätzlich personalistisch-führungszentriert organisiert ist und dass es insofern keinen „führungslosen Populismus" geben kann, der beispielsweise vom italienischen Soziologen Paolo Gerbaudo in Bezug auf Protestbewegungen wie Indignados und Occupy Wall Street identifiziert wurde (→ Gibt es populistische Politiken?). Abgesehen davon räumen die meisten Populismusdefinitionen eine große Varianz des Populismus bezüglich etwa Links-Rechts-Positionierung, ideologisch-programmatischer Ausrichtung, soziostruktureller Zusammensetzung sowie teilweise auch organisatorischer Praxis ein.

Die geläufigste Unterscheidung, die zwischen den Varianten des Populismus getroffen wird, ist jene zwischen → Links- und → Rechtspopulismus. Je nach Theorieansatz lässt sich der Unterschied zwischen Links- und Rechtsorientierung beispielsweise an der Diskursstruktur oder auch an der ideologischen Füllung festmachen. Damit einhergehend lassen sich verschiedenste diskursive bzw. ideologische Kombinationen identifizieren, in die Populismus treten kann: etwa grün, konservativ, (sozial- oder neo-)liberal, (ethno- oder staatsbürgerlich-)nationalistisch, nativistisch, sozialdemokratisch, (demokratisch- oder staats-)sozialistisch etc. Dabei muss sowohl aus → diskursiver als auch aus → ideeller Theorieperspektive differenziert werden, welche Elemente im Diskurs bzw. in der Ideologie vorherrschend sind. Cas Mudde spricht in diesem Zusammenhang von „populistischem Rechtsradikalismus" (*populist radical right*), um zu betonen, dass Populismus als dünne Ideologie grundsätzlich ein Sekundärmerkmal (gegenüber Autoritarismus und → Nativismus) für Parteien wie die Alternative für Deutschland oder auch Front National in Frankreich bildet. Die Verwendung von „populistisch" als Adjektiv zur Spezifizierung eines Subtyps innerhalb einer Parteifamilie („Rechtsradikalismus") verdeutlicht demnach den sekundären Charakter und legt die Wichtigkeit einer differenzierten Betrachtung der Einzelelemente nahe: So gesehen ist die Ablehnung von Migration nicht populistisch, sondern nativistisch – und tritt erst dann in Kombination mit Populismus, wenn ‚die da oben' zusätzlich angeprangert bzw. für Phänomene wie Migration verantwortlich gemacht werden.

Teilweise überschneidend mit der ideologisch-programmatischen Einordnung ist die Frage nach dem demokratischen oder autoritären bzw. antidemokratischen Charakter populistischer Phänomene. Cas Mudde und Cristóbal Rovira Kaltwasser argumentierten 2012 in einem Aufsatz, dass die prototypischen Fälle von Populismus in Europa rechts, exkludierend sowie demokratiebedrohend, in Lateinamerika hingegen links, inklusiv sowie demokratiekorrigierend ausfallen (↠ Was ist der Unterschied zwischen Linkspopulismus und Rechtspopulismus?). Darüber hinaus wird der Unterschied zwischen demokratischen und autoritären Varianten des Populismus oft an ihrer Haltung zu → Pluralismus festgemacht: inwiefern etwa die Berufung auf ‚das Volk' so ausgelegt wird, dass rechtsstaatliche Gewaltenteilung, institutionelle Machtkontrollen, Minderheitenrechte oder auch politische Gegnerschaft im Allgemeinen als illegitim betrachtet werden (↠ Wie ist das Verhältnis von populismus und Demokratie zu bewerten?). Denker:innen wie Chantal Mouffe vertreten die Position, dass Populismus nicht nur demokratiekompatibel im Sinne einer Einhaltung des liberal-demokratischen Regelwerks, sondern auch demokratieradikalisierend im Sinne einer Vertiefung von Freiheits- und Gleichheitsrechten für immer mehr Menschengruppen sein kann (↠ Welche Beispiele für Populismus gibt es in der Geschichte des politischen Denkens?).

Es gibt eine wachsende Literatur zu Regierungspopulismus bzw. Populismus an der Macht, der sich dadurch auszeichnet, höhere Mächte jenseits der Regierung als Hindernis zum Regieren im Namen des ‚Volkes' auszumachen (↠ Gibt es einen Populismus an der Macht?). Auch populistische soziale Bewegungen, von Indignados und Occupy Wall

Street bis hin zu PEGIDA, haben zunehmende Aufmerksamkeit nach sich gezogen und bilden den Kontext für Debatten um führungslos bzw. horizontal organisierten Populismus (→ Gibt es einen Populismus ohne Führungsfigur?). Grundsätzlich ließe sich anhand der hier rezipierten Populismusdefinitionen – außer vielleicht dem mobilisierungsstrategischen Ansatz Weylands, der sich um Populismus als Strategiemittel im Wettbewerb um politische Ämter dreht – Populismus in einer Reihe von gesellschaftlichen Sphären identifizieren, beispielsweise im zivilgesellschaftlichen Verbandswesen oder auch in den Arbeitsbeziehungen, wenn Appelle an ein Volkssubjekt gegen ‚die da oben' lanciert werden. Man denke hier an die rechtspopulistische Betriebsgruppe „Zentrum Automobil" bzw. „Zentrum", die als Betriebsratsliste in einigen deutschen Automobilwerken eine Präsenz hat und an die einfachen Beschäftigten gegen ein angebliches Machtbündnis der großen Gewerkschaften und Unternehmen unter dem Deckmantel der Sozialpartnerschaft appelliert. Im Kontext dieses Kapitels wird eine Auswahl an möglichen Varianten mit Blick auf aktuelle Debatten innerhalb der Populismusforschung aufgegriffen.

Literaturtipp | Für Muddes Ausführungen zu „populistischem Rechtsradikalismus" siehe: Mudde, C.: Populist Radical Right Parties in Europe, Cambridge University Press 2007.
Die Thesen von Mudde und Rovira Kaltwasser zu Links- und Rechtspopulismus finden sich im folgenden genannten Aufsatz kompakt wieder: Mudde, C.; Rovira Kaltwasser, C.: Exclusionary vs. Inclusionary Populism: Comparing Contemporary Europe and Latin America, in: Government and Opposition, 48, 2, 2013, S. 147–174.
Siehe auch ihr dazugehöriger Sammelband mit Fallstudien: Mudde, C.; Rovira Kaltwasser, C. (Hrsg.): Populism in Europe and the Americas: Threat or Corrective for Democracy? Cambridge University Press 2012.

Was ist der Unterschied zwischen Linkspopulismus und Rechtspopulismus?

Nach allen geläufigen Definitionen des Populismus ist sowohl → Links- als auch → Rechtspopulismus nicht nur theoretisch möglich, sondern auch in der heutigen Welt weit verbreitet. Die Unterschiede zwischen den beiden Varianten lassen sich insbesondere hinsichtlich zweier Aspekte ausdifferenzieren: erstens ihrer inneren Funktionsweise und zweitens ihrer Auswirkungen auf die Demokratie.

Die innere Funktionsweise von Links- und Rechtspopulismus unterscheidet sich grundlegend in der Frage, wer jeweils zum → ‚Volk' und zur → ‚Elite' gehört. Dies wird insbesondere aus → diskursiver und aus → ideeller Theorieperspektive deutlich, indem Populismus grundsätzlich an seiner Diskursstruktur bzw. am begrifflichen Beziehungsgeflecht festgemacht wird. Aus beiden Theorieperspektiven zeichnet sich Linkspopulismus dadurch aus, dass das ‚Volk' tendenziell als kulturell offenes Gebilde ausgemacht wird, das eine primär ökonomisch und politisch definierte ‚Elite' in Form eines Oben-Unten-Gegensatzes gegenübersteht. Manche Linkspopulismen konstruieren das ‚Volk' als nicht nur offen, sondern auch als intersektionale Vereinigung zahlreicher Oben-Unten-Gegensätzen, so dass beispielsweise feministische und/oder antirassistische Herrschaftskritiken aufgenommen werden.

Rechtspopulismus hingegen ist von der Synthese einer Oben-Unten-Gegenstellung eines kulturell tendenziell geschlossenen ‚Volkes' gegen eine primär politisch und/oder kulturell ausgemachte ‚Elite' einerseits und einem Innen-Außen-Gegensatz eines nationalen ‚Volkes' gegen fremde Andere andererseits gekennzeichnet. So gesehen besteht Rechtspopulismus grundsätzlich aus einer Kombination von Populismus (Unten gegen Oben) und entweder → Nationalismus oder → Nativismus (nationales Innen gegen fremdes Außen).

Mudde und Rovira Kaltwasser sprechen in einem 2012 erschienenen Aufsatz von einer Prävalenz linker, inklusiver und demokratiekorrigierender Populismen in Lateinamerika sowie rechter, exklusiver und demokratiebedrohender Populismen in Europa. Hier werden Implikationen für die Auswirkungen von Links- und Rechtspopulismus auf die Demokratie gezogen: Demnach bildet Linkspopulismus insofern ein demokratisches Korrektiv, als gesellschaftliche Randgruppen materiell, symbolisch und/oder politisch als Teil des populistisch reklamierten ‚Volkes' aufgenommen werden, indem etwa wohlfahrtsstaatliche Inklusion, Instrumente der Bürgerbeteiligung oder auch gesetzliche Provisionen zum Schutz von Minderheitenrechten gestärkt werden, wie das Beispiel Evo Morales in Bolivien mit der Inklusion indigener Menschen aufzeigt. Für Mudde und Rovira Kaltwasser bildet → Rechtspopulismus hingegen insofern eine Bedrohung der Demokratie, als jene als nicht national zugehörig markierten Menschengruppen vom ‚Volk' ausgeschlossen werden und damit einhergehende Einschränkungen von Minderheitenrechten in materieller, symbolischer und/oder politischer Hinsicht gefordert werden (z. B. „nationale Präferenz" am Arbeitsmarkt und Begrenzung des Moscheebaus im Fall des Front National in Frankreich bis hin zur Forderung nach einem Koranverbot im Fall der Partei für die Freiheit in den Niederlanden).

Das Grundschema von Mudde und Rovira Kaltwasser lässt sich gewiss weiter differenzieren. Seit ihrem Aufsatz sind zahlreiche erfolgreiche Beispiele auch für → Linkspopulismus in Europa (z. B. Syriza in Griechenland, Podemos in Spanien, France Insoumise in Frankreich) sowie Rechtspopulismus in Lateinamerika (z. B. Jair Bolsonaro in Brasilien, Javier Milei in Argentinien) in den Mittelpunkt gerückt. Auch das Verhältnis zur Demokratie ist gemischter bzw. vielfältiger geworden: In Lateinamerika haben sich paradigmatische Beispiele sowohl für Links- (Nicolás Maduro in Venezuela) als auch Rechtspopulismus (Bolsonaro in Brasilien) mit autoritären Tendenzen im Umgang mit politischer Opposition bzw. mit institutionell geregeltem Machttransfer nach Wahlen ausgezeichnet. In Europa waren linkspopulistische Regierungsbeteiligungen wie jene von Syriza und Podemos durch Inklusions- und Gleichstellungsinitiativen gekennzeichnet (insbesondere Frauenrechte im Fall Podemos sowie LGBT-Partnerschaften und Staatsbürgerschaftsrechte für migrantische Kinder im Fall Syriza). Auch das Universum des Rechtspopulismus in Europa ist erheblich heterogener geworden: Neben den vielzitierten Fällen autoritärer Regierungspraktiken bei Fidesz in Ungarn sowie Recht und Gerechtigkeit (PiS) in Polen hat es auch Beispiele für rechtspopulistische Regierungen gegeben, die nicht von Angriffen auf Minderheitenrechte oder rechtsstaatliche Mechanismen gekennzeichnet sind, sondern eher sogar von permanenten koalitionsinternen Zerwürfnissen wie im Fall der OĽaNO-geführten slowakischen Koalitionsregierung von 2020 bis 2023.

Literaturtipps | Als Überblicksbände über Linkspopulismus siehe etwa: Katsambekis, G.; Kioupkiolis, A. (Hrsg.): The Populist Radical Left in Europe, Routledge 2019; García Agustín, Ó.: Left-Wing Populism: The Politics of the People, Emerald 2020; Prentoulis, M.: Left Populism in Europe: Lessons from Jeremy Corbyn to Podemos, Pluto 2021.

Gibt es einen Populismus der Mitte?

Wenn es → Links- und → Rechtspopulismus gibt, dann warum nicht einen → Populismus der Mitte? Das Phänomenon des zentristischen Populismus (engl. *centrist populism*) wurde im Laufe der 2000er Jahre insbesondere von Parteienforscher:innen mit Schwerpunkt Mittel- und Osteuropa hervorgehoben, die auf Parteien mit diffusen Anti-Establishment-Appellen und ohne klar identifizierbare Ideologien verwiesen. Diese Parteien positionierten sich als bewusst moderat bzw. als ‚weder links noch rechts' und verbanden diese Positionierung mit einer Kritik an etablierten Parteien von sowohl links als auch rechts als unfähig, die Belangen der vermeintlichen Normalbürger:innen zu vertreten. Zu den Beispielen für einen solchen Populismus der Mitte zählten in den 2000er Jahren Parteien wie die Nationale Bewegung Simeon II. in Bulgarien, Res Publica in Estland sowie ANO und Smer in der Slowakei in deren Anfangsphase zu Beginn der 2000er Jahre. In den 2010er Jahren kamen zahlreiche weitere Beispiele aus der Region hinzu: etwa Živi zid in Kroatien, „Wer besitzt der Staat?" in Lettland, die Volkspartei Dan Diaconescu und USR in Rumänien oder auch VV und ANO (nicht zu verwechseln mit der ehemaligen gleichnamigen Partei in der Slowakei) in Tschechien. In einem 2014 erschienenen Aufsatz argumentierte der Politologe Hans-Peter Kriesi sogar, dass der zentristische Populismus die dominante Spielart des Populismus in Mittel- und Osteuropa darstellt.

Nach den meisten geläufigen Populismusdefinitionen ist ein → Populismus der Mitte theoretisch gut denkbar. Neben der Volk-Elite-Gegenüberstellung zeichnen sich viele der oben genannten Parteien durch eine Politisierung von Fragen wie Korruption und Misswirtschaft, für die die etablierten

Parteien verantwortlich gemacht werden, sowie ein Versprechen von Normalität, kompetentem Regieren und Überwindung von Krise aus, was mit zusätzlichen Definitionsmerkmalen der → ideellen (moralisierte Kritik an ‚korrupten Eliten') und der → stilistischen Theorieansätze (performative Inszenierung von Krise) übereinstimmt. Dabei wirkt die Tatsache, dass diese Parteien tendenziell keine ‚dickere' ideologische Füllung vorweisen können, für manche Beobachter:innen insbesondere aus ideeller Theorieperspektive irritierend, was mitunter zu Alternativvorschlägen zur Etikettierung solcher Phänomene geführt hat (z. B. „Anti-Establishment-Reformparteien" nach der Begrifflichkeit der britischen Politologen Seán Hanley und Allan Sikk). Andererseits ließe sich argumentieren, dass Populismus gerade im Sinne einer moralisch aufgeladenen Volk-Elite-Dichotomie auf viele dieser Parteien sehr wohl zutrifft, auch wenn die ideologische Kombination diffuser und eklektischer (ohne die eine klar definierte Gastideologie wie Ethnonationalismus oder → Nativismus) ausfällt.

Woran macht man dann den „Mitte-"Charakter eines → Populismus der Mitte eigentlich fest? Die bloße Behauptung, weder links noch rechts zu sein, reicht offenbar nicht aus, zumal dies auch von vielen Rechtsaußengruppierungen (z. B. in der Tradition des „Dritten Weges" oder auch Politiker:innen wie Marine Le Pen im Zuge ihrer Normalisierungsbestrebungen) genauso behauptet wird, ohne dass sie inhaltlich ansatzweise in der ‚Mitte' einzuordnen wären. Was den Populismus der Mitte vielmehr kennzeichnet, ist die Kombination dieses Weder-Noch-Anspruchs mit einem inhaltlichen Eklektizismus, der Elemente aus verschiedensten Diskursen bzw. Ideologien heranzieht: Typisch ist hierbei eine Kritik an staatlicher Bürokratie bei gleichzeitigem Versprechen von mehr (dafür effizienteren) Investitionen in öffentliche Dienstleistungen und Infrastruktur. Solche Kombinationen gehen wiederum mit der Behauptung einher, dass das ‚Volk' oder die ‚Menschen' mit dem Links-Rechts-Spiel der etablierten Kräfte nichts anfangen können. Der zentristische Populismus eines Andrej Babiš in Tschechien oder des anfänglichen Robert Fico in der Slowakei (zu Beginn der 2000er Jahre) verdichtete sich im Vorwurf, dass etablierte Parteien und Politiker:innen hinter der Fassade von Links-Rechts-Differenzen verstecken und dabei genauso korrupt bzw. unfähig sind, wohingegen es den ‚Menschen' nicht um solche Etiketten, sondern um kompetentes Regieren geht. Auch jenseits von Mittel- und Osteuropa lassen sich Beispiele für → Populismus der Mitte identifizieren: am prominentesten wohl in Form der Fünf-Sterne-Bewegung in Italien, die als Paradebeispiel für Populismus zitiert wird und sich gleichzeitig mit ihrem radikalen Eklektizismus im Links-Rechts-Schema schwer einordnen lässt.

Der inhaltliche Eklektizismus des zentristischen Populismus unterscheidet ihn von anderen Formen des Populismus, die ebenfalls von einer Pauschalkritik an den etablierten Kräften von links und rechts gekennzeichnet sind, gleichzeitig aber eindeutigere ideologische Prägungen aufweisen: beispielsweise die Palikot-Bewegung Anfang der 2010er Jahre in Polen mit ihrem radikal antiklerikalen und bürgerrechtlich-liberalen Populismus oder auch OĽaNO in der Slowakei mit ihrem konservativen Populismus im Namen „traditioneller Werte". In dieser Hinsicht lässt sich das Prädikat „zentristisch" im zentristischen Populismus stellvertretend für die Vielfalt an ideologischen Elementen verstehen, die sich nicht auf die eine ‚dicke' Gastideologie reduzieren lässt.

Literaturtipps | Zur Debatte über zentristischen Populismus in Mittel- und Osteuropa siehe etwa: Mesežnikov, G.; Gyárfášová, O.; Smilov, D. (Hrsg.): Populist Politics and Liberal Democracy in Central and Eastern Europe, Institute for Public Affairs 2008; Stanley, B.: Populism in Central and Eastern Europe, in: Rovira Kaltwasser, C. et al. (Hrsg.): The Oxford Handbook of Populism, Oxford University Press 2017, S. 140–160.

Gibt es einen transnationalen Populismus?

Insbesondere in Anlehnung an den diskursiven Theorieansatz hat sich in den letzten Jahren die These herausgebildet, dass ein → transnationaler Populismus unter Berufung auf ein national grenzüberschreitendes ‚Volk' möglich ist. Demnach gibt es keinen apriorischen Grund, warum das Subjekt des Populismus – sei es ‚Volk' oder auch ‚Menschen' (wobei ‚Volk' gerade im Deutschen ethnonationale Konnotation hat) – auf einen nationalen Rahmen beschränkt sein muss. Jene Theorien, die Populismus per Definition als national gefärbtes Phänomen verstehen, würden natürlich keine Möglichkeit für transnationalen Populismus einräumen (→ Ist Populismus zwangsläufig nationalistisch?). Aus → diskursiver Theorieperspektive hingegen ist die Plausibilität des transnationalen Populismus am größten, da der diskursive Ansatz –

anders als etwa der → ideelle – nicht voraussetzt, dass das ‚Volk' im Populismus etwa als moralisch reines und homogenes Gebilde ausgemacht wird. In der Tat ziehen die Forscher:innen des transnationalen Populismus fast ausschließlich den diskursiven Theorieansatz heran: Hierzu gehört Benjamin Moffitt, der an anderer Stelle als Vertreter des stilistisch-performativen Ansatzes bekannt wurde (→ Was besagt der stilistische Theorieansatz?) sowie die Diskursforscher Benjamin De Cleen, Panos Panayotu und Yannis Stavrakakis.
Transnationaler Populismus, so die These, besitzt dieselbe Grundstruktur wie Populismus – mit dem Unterschied allerdings, dass das Volkssubjekt explizit als national grenzüberschreitend konstruiert wird. In dieser Literatur wird die vom ehemaligen griechischen Finanzminister Yanis Varoufakis gegründete DiEM25-Bewegung als paradigmatisches Beispiel für einen solchen transnationalen Populismus identifiziert: Hier wird „das Volk Europas" bzw. „die Menschen Europas" (*people of Europe*) als souveränes Subjekt auf EU-Ebene gegen politische und ökonomische Eliten aufgerufen. Die Botschaft von DiEM25 lautet, dass die Unionsbürger:innen den wahren Souverän Europas bilden und sich dementsprechend im Rahmen einer transnationalen Bewegung organisieren müssen, um entsprechenden Druck von unten auf verkrustete Machstrukturen in den EU-Institutionen ausüben zu können. Bei DiEM25 finden sich laut De Cleen, Moffitt, Panayotu und Stavrakakis Ansätze sowohl für einen *trans*nationalen Anspruch, nationale Grenzen zu überwinden, als auch eine *inter*nationale Bündnisbildung zwischen national situierten Populismen, die sich in den Bezugnahmen auf die „Völker Europas" (*peoples* im Plural) sowie im netzwerkartigen Charakter der nationalen Mitgliederorganisationen niederschlägt. Das Transnationale besteht demnach darin, das *people of Europe* als souveräne Singularität aufzurufen, die nationale Grenzen transzendiert.
So gesehen lässt sich → transnationaler Populismus zumindest ansatzweise in diversen Kontexten identifizieren: In den Bündnisbildungsversuchen zwischen lateinamerikanischen Linkspopulismen gibt es einerseits eine internationale Dimension, die sich in einer Allianz zwischen national situierten, linkspopulistisch regierten Völkern verdichtet (z. B. ALBA), und andererseits transnationale Elemente, beispielsweise in Form von Appellen an unterdrückte Menschen aus aller Welt – einschließlich armer Menschen innerhalb der USA als vermeintlichem Unterdrückerstaat – als Kollektivsubjekt des menschlichen Fortschritts.

In der Anfangsphase der russischen Invasion der Ukraine ab Februar 2022 rief der ukrainische Präsident Wolodymyr Selenskyj russische Staatsbürger:innen dazu auf, die Kriegsverantwortlichen ‚da oben' im russischen Staat zu stürzen und appellierte dabei an ein gemeinsames Friedensinteresse mit dem ukrainischen und jedem anderen Volk, das in Frieden und Sicherheit leben will. Diese Beispiele deuten an, wie transnationaler Populismus als Diskursmittel zur Verwendung kommen kann, um beispielsweise im Kontext antagonistischer zwischenstaatlicher Beziehungen auch an Menschen über verfeindete Staatsgrenzen hinweg im Namen einer gemeinsamen Sache zu appellieren.

Literaturtipps | Siehe die theoretischen Überlegungen zum transnationalen Populismus sowie Analysen von DiEM25 in den folgenden Aufsätzen: De Cleen, B. et al.: The Potentials and Difficulties of Transnational Populism: The Case of the Democracy in Europe Movement 2025 (DiEM25), in: Political Studies, 68, 1, 2020, p. 146–166, sowie Panayotu, P.: Transnational Populism and the European Union: An Uneasy Alliance? The Case of DiEM25, in: Blokker, P. (Hrsg.), Imagining Europe: Transnational Contestation and Civic Populism, Palgrave Macmillan 2021, S. 117–148.
Für eine Bestandsaufnahme sowie Weiterentwicklungsversuch mit dem Fallbeispiel Selenskyj siehe auch: Kim, S.: Towards an Antiwar Transnational Populism? An Analysis of the Construction of „the Russian People" in Volodymyr Zelensky's Wartime Speeches, in: Government and Opposition, 2023, S. 1–17.

Gibt es einen Populismus an der Macht?

Nach allen geläufigen Definitionen des Populismus ist es grundsätzlich möglich, dass Populismus nicht nur aus der Opposition, sondern auch aus einer Regierungsposition heraus entsteht, indem höhere Mächte (z. B. Wirtschaftseliten, supranationale Institutionen) als Hindernis zum Regieren im Namen des ‚Volkes' ausgemacht werden. Somit wird Populismus im Sinne einer Volk-Elite-Gegenüberstellung ermöglicht,

indem die eigene Regierungsposition als Teil des Unten (zusammen mit dem ‚Volk') gegen ein Oben umgedeutet wird.
Es gibt zahlreiche Beispiele für einen solchen Populismus an der Macht. Während der ersten Regierungszeit von Recht und Gerechtigkeit (PiS) in Polen von 2005 bis 2007 (zuerst als Minderheitsregierung, dann im Rahmen einer Dreierkoalition) behauptete die Partei die Existenz verschwörerischer „Netzwerke" (*układy*) altkommunistischer Seilschaften, die angeblich hinter den Kulissen innerhalb der staatlichen Institutionen verankert sind und mit der liberalen Opposition zusammenarbeiten, um ihre Privilegien zu schützen und die institutionellen Reformversuche der Regierung zu blockieren. Während der ersten Syriza-Regierung in Griechenland 2015 wurde der Antiausteritäts- und Anti-Troika-Linkspopulismus der Partei fortgeführt, indem „die Troika" (bestehend aus der Europäischen Kommission, der Europäischen Zentralbank und dem Internationalen Währungsfonds) und ihre Befürworter:innen im In- und Ausland als maßgebende Kraft für einen von oben angeordneten Kürzungsdiktat und die daraus resultierende wirtschaftliche Misere in Griechenland verantwortlich gemacht wurden. In Lateinamerika wurde der → Linkspopulismus in vielen Fällen auch aus einer Regierungsposition heraus fortgeführt, indem der US-Imperialismus sowie mächtige wirtschaftliche Interessen im eigenen Land als Feindbild dienten. Im Fall der Fidesz-Regierung in Ungarn wurde im Rahmen einer staatlich finanzierten Öffentlichkeitskampagne von 2017 bis 2018 der Milliardär George Soros als böser Strippenzieher der Oppositionsparteien und der Migrationsbewegungen nach Europa dargestellt.
Wie diese Vielfalt an Beispielen nahelegt, kann (aber nicht muss) ein Populismus an der Macht auf verschwörungstheoretischen Erzählungen basieren. Die Plausibilität der ‚höheren Mächte', die als Feindbild eines Regierungspopulismus dienen, kann durchaus unterschiedlich bewertet werden. Beispielsweise war „die Troika" bei weitem keine Erfindung der Syriza-Regierung und galt im Gegenteil als übliche Bezeichnung für einen mächtigen Zusammenschluss von Institutionen, der ins Leben gerufen worden war, um im Gegenzug für Notfallkredite die Regierungspolitik in hochverschuldeten EU-Ländern mitzubestimmen. Auf der anderen Seite basierten die kruden Erzählungen von altkommunistischen „Netzwerken" und Soros auf Spekulationen bzw. antisemitisch gefärbten Klischees, die bereits seit den 1990er Jahren in

rechtsnationalistischen Kreisen in Polen bzw. Ungarn weit verbreitet waren.

In diesem Zusammenhang muss nicht zuletzt differenziert betrachtet werden, inwiefern das, was herkömmlich als Regierungspopulismus bzw. Populismus an der Macht bezeichnet wird, tatsächlich Populismus oder eher ⟶ Nationalismus ist. Sobald die angeblich höheren Mächte als fremde Mächte kodiert werden – hierfür sind supranationale Instanzen wie die EU („Brüssel", „Brüsseler Bürokraten", etc.) eine beliebte Wahl –, handelt es sich um eine Kombination von Populismus und Nationalismus. Um die relative Gewichtung der beiden Logiken festzustellen, müsste beispielsweise differenziert werden, wofür genau diese fremden Mächte verantwortlich gemacht werden: etwa für Masseneinwanderung (Innen vs. Außen), für den Verlust der nationalen Identität (Innen vs. Außen) oder aber für einen Kürzungsdiktat unter Missachtung der wirtschaftspolitischen Souveränität (Oben vs. Unten).

Literaturtipps | Siehe etwa folgende Analysen von Populismus an der Macht: Kim, S.: ... Because the Homeland Cannot Be in Opposition: Analysing the Discourses of Fidesz and Law and Justice (PiS) from Opposition to Power, in: East European Politics, 37, 2, 2021, S. 332–351, sowie Venizelos, G.: Populism in Power: Discourse and Performativity in Syriza and Donald Trump, Routledge 2023.

Gibt es populistische Politiken?

Auch im Zusammenhang mit dem Phänomen des Populismus an der Macht stellt sich die Frage, ob bestimmte Politiken bzw. Policies als populistisch einzuordnen sind. In der medialen Öffentlichkeit (und teilweise auch in wissenschaftlichen Kreisen) ist die Bezeichnung von fiskalpolitisch ‚unverantwortlichen' oder auch klientelistischen Praktiken als ‚populistisch' weit verbreitet. Allerdings ist es fragwürdig, inwiefern solche Kategorien hinsichtlich der konzeptuellen Abgrenzbarkeit sowie analytischen Brauchbarkeit überhaupt geeignet sind (➞ Was macht eine Theorie des Populismus aus?): Ab welchem Punkt ist eine Politik objektiv ‚verantwortlich' oder ‚unverantwortlich'? Nach welchen Kriterien zieht man eine sinnvolle Grenze? Wenn Populismus stattdessen zu einem Synonym für Klientelismus oder expansiver Fiskalpolitik reduziert wird, stellt sich wiederum die Frage: Warum braucht man überhaupt den Begriff des Populismus, wenn er eins und dasselbe wie ein oder mehrere andere etablierte Begriffe bezeichnet?

Abgesehen von solchen Gleichsetzungen gibt es nicht zuletzt in der Forschung die Tendenz, von ‚populistischen Politiken' (*populist policies*) zu sprechen, um die Politiken einer als populistisch eingestuften Partei im Allgemeinen zu bezeichnen. Hier lässt sich die problematische Tendenz beobachten, Populismus als essenziellen Kern der Identität dieser oder jener Partei anzunehmen, ohne dabei zu differenzieren, welche Aspekte der Handlungen oder Praktiken der betreffenden Partei populistisch sein könnten (↠ Was haben heutige Begriffsbestimmungen von Populismus gemeinsam?). Ad absurdum müsste dies bedeuten: Wenn die AfD sagt, dass die Sonne scheint, und daraufhin eine Reinigungsfirma mit dem Fensterputzen beauftragt, ist das schon Populismus, weil es sich ja um eine populistische Partei handeln soll. Die eigentliche Frage müsste dabei lauten: Welche Politiken einer Partei wären als populistisch einzuordnen? Und nicht zuletzt: Ist es überhaupt sinnvoll, von Populismus auf der Policy-Ebene zu sprechen?

Geht man von der Gegenüberstellung von → ‚Volk' gegen → ‚Elite' als Definitionskern des Populismus aus, ist es schwer fassbar, wie sich dies auf die Ebene konkreter Politiken übertragen ließe. Zwar ist es denkbar, dass das → diskursive, ideologische, → stilistische oder → strategische Framing einer beliebigen Politik populistisch ausfällt: beispielsweise mit der Rechtfertigung, dass die betreffende Politik im Interesse des ‚Volkes' gegen mächtige Interessen liegt. So gesehen wäre es aber plausibel, eine ganze Reihe von Politiken – auch diametral gegensätzlicher Natur, sei es Steuersenkungen oder -erhöhungen, Tarifreduzierungen oder -erhöhungen, LGBT-Rechte oder LGBT-feindliche Maßnahmen – populistisch zu rechtfertigen, was aber nicht bedeutet, dass die Politik an sich populistischer Natur sein muss. Gerade weil es an Steuersenkungen oder -erhöhungen nichts inhärent Populistisches gibt, ist es überhaupt möglich, auch das genaue Gegenteil jeweils populistisch einzurahmen und zu rechtfertigen.

Insgesamt lässt sich schwerlich von populistischen Politiken sprechen: Es gibt vielmehr populistische Rechtfertigungen und Begründungen von Politiken. In dieser Hinsicht kommt es nicht von ungefähr, dass Populismus in den etablierten Fachdefinitionen als Diskurs, Ideologie, Stilmittel oder Strategie konzeptualisiert wird, nicht aber als Policy-Praxis.

Gibt es einen Populismus ohne Führungsfigur?

Der Populismusbegriff ruft häufig die Intuition hervor, dass es hinter jedem Populismus eine (irgendwie charismatische) Führungsfigur stehen muss. Manche Theoretiker wie Jan-Werner Müller und Kurt Weyland setzen eine personalistische Führungszentrierung als Grundmerkmal des Populismus voraus. Der italienische Soziologe und Protestforscher Paolo Gerbaudo stellte mit seiner These des „führungslosen Populismus" solche Annahmen in Frage: Er identifizierte insbesondere in der globalen Welle öffentlicher Platzproteste ab 2010/11 – die Tahrir-Platz-Proteste in Ägypten, Indignados bzw. 15-M in Spanien, Aganaktismenoi in Griechenland, Occupy Wall Street in den USA – populistische Protestbewegungen ohne Führungsfiguren. Diese Bewegungen waren insofern populistisch, so Gerbaudos These, da sie im Namen einer Gesamtheit des „Volkes", der „Bürgerschaft" oder auch der „99 Prozent" gegen als klein und diskreditiert ausgemachte Elitengruppen auf die Straßen gingen – „das Regime", „die Politiker und Banker", das obige „1 Prozent" der Superreichen. Kombiniert wurden diese populistischen Diskurse nach Gerbaudos Lesart mit einer horizontal organisierten, netzwerkartigen Praxis der Selbstverwaltung auf öffentlichen Plätzen und in den Protestlagern an zahlreichen Orten – eine dynamische Mischung aus Neoanarchismus und Populismus, die Gerbaudo „citizenism" nannte.

Nach den meisten Populismusdefinitionen – mit Ausnahmen wie u. a. Müller und Weyland – gibt es keinen theoretisch zwingenden Grund, warum Populismus mit einer (starken oder sonst auftretenden) Führungsfigur einhergehen muss. Gerbaudo verwendet die diskursive Populismustheorie Ernesto Laclaus, der in seinen psychoanalytisch geprägten Überlegungen zwar argumentiert, dass der Name des Volkssubjekts im Populismus irgendwann mit dem Namen einer Führungsfigur einher- und in diesen übergeht. Dies lässt sich aber durchaus als Spektrum an Möglichkeiten deuten, wie aus Laclaus eigenen Beispielen hervorgeht: von einer führungszentrierten Bewegung wie seinerzeit der Peronismo in Argentinien, der seine innere Heterogenität mit der verbindenden Funktion des Anführers kompensierte, bis hin zu einer zerstreuten Massenbewegung von unten wie die Chartisten in Großbritannien, die auf keine solche verbindende Führungsfunktion zurückgreifen konnten. Nicht nur aus einer diskursiven Theorieperspektive ließe sich von einem Möglichkeitskontinuum sprechen, wenn es um Führung geht: An dem einen Ende des Spektrums mögen führungslose Populismen zwar ungewöhnlich und vor allem kurzlebig sein, aber sie existieren als sowohl theoretisch denkbare und empirisch auftretende Spielart des Populismus.

Verbunden ist das Phänomen des führungslosen Populismus nicht zuletzt – wenn auch nicht ausschließlich – mit populistischen Protestbewegungen, die zunehmend in den Mittelpunkt des öffentlichen und wissenschaftlichen Interesses rücken. Auch innerhalb des Universums an populistischen Bewegungen lässt sich eine Vielfalt an Führungsausmaß beobachten: Man denke beispielsweise an PEGIDA als deutlich weniger führungslose Formation mit Lutz Bachmann als prominente Galionsfigur, Initiator sowie alleiniger Vorsitzender des dazugehörigen Vereins.

Literaturtipp | Siehe zur These des führungslosen Populismus folgendes Buch: Gerbaudo, P.: The Mask and the Flag: Populism, Citizenism and Global Protest, Oxford University Press 2017.

Populismus im Länderkontext

Dieses Kapitel liefert einen Überblick der Varianten des Populismus in den verschiedenen Regionen der Welt. Zuerst wird ein länderspezifischer Blick auf Populismus in Deutschland geworfen, insbesondere in Bezug auf die Parteien- und Bewegungslandschaft. Danach wird in verschiedene Teile Europas und anschließend der Welt geblickt.

Welche populistischen Parteien gibt es heute in Deutschland?

Da dieses Buch sich vornehmlich an ein deutsches Publikum richtet, stellt sich zu Beginn dieses Kapitels die Frage nach dem länderspezifischen Kontext in Deutschland. In der jüngeren Vergangenheit gibt es insbesondere zwei Parteien in der Bundesrepublik, die in der wissenschaftlichen Diskussion als populistisch eingeordnet worden sind: die Alternative für Deutschland (AfD) und DIE LINKE.

Die AfD ist in der medialen Öffentlichkeit fast einheitlich unter dem Prädikat „rechtspopulistisch“ bekannt. Dabei ist ihr Verhältnis zum Populismus ein wechselhaftes. Nach ihrer Gründung 2013 – beispielsweise im Bundestagswahlprogramm 2013 – appellierte sie an „das Volk“ gegen „die Altparteien“ insbesondere in Bezug auf ihre Kernforderungen nach Euroaustritt und direkter Demokratie. In dieser Phase spricht der Politologe David Bebnowski von einer „wettbewerbspopulistischen“ Ausrichtung der AfD: Die Partei berief sich auf die Volkssouveränität gerade im Zusammenhang mit den vermeintlichen Wettbewerbsinteressen Deutschlands, die sie durch den Euro und die Eurokrisenpolitik der Bundesregierung gefährdet sah. Nach dem Essener Parteitag 2015 fand eine Rechtsverschiebung auf Führungsebene der Partei statt, so dass sich diese für eine nativistische Ablehnung von „Masseneinwanderung“ öffnete und damit einhergehend „das Volk“ als ethnokulturell geschlossene und durch Einwanderung bedrohte Entität konstruierte. Populismus trat in Kombination mit diesem → Nativismus durch den Vorwurf an „die Altparteien“, „das Volk“ durch „Masseneinwanderung“ zu gefährden und sogar bewusst durch Bevölkerungsaustausch auflösen zu wollen, wie Alexander Gauland und Björn Höcke in diversen Reden vor Kundgebungen der Partei verkündeten. Seitdem ist diese Grundstruktur (wenn auch mit unterschiedlichen Nuancen) maßgebend: Populismus von „Volk“ gegen „Altparteien“ sowie völkischer Nationalismus von „Volk“ gegen die Gefährdung der ethnokulturellen Essenz des „Volkes“ durch „Masseneinwanderung“, „Gesellschaftsexperimente“ und weitere Bedrohungserscheinungen, für die „die Altparteien“ letztlich verantwortlich gemacht werden.

Die Partei DIE LINKE wird in der öffentlichen Wahrnehmung weniger einheitlich als populistisch eingestuft. Dabei gibt es spätestens seit dem gemeinsamen Antritt von PDS und WASG bei der Bundestagswahl 2005 (mit anschließender Fusion 2007) rekurrierende Anhaltspunkte für einen antineoliberal-humanistischen Linkspopulismus im Namen der „Menschen“ bzw. „aller Menschen“ gegen mächtige „Profitinteressen“ und den „neoliberalen Konsens“ der etablierten Parteien, die diese Interessen bedienen. Wiederkehrende Slogans wie „Menschen vor Profite“, „Ein Schutzschirm für die Menschen“, „Für ein Europa der Menschen und nicht der Banken und Konzerne“ bringen diese Oben-Unten-Gegenüberstellung zum Ausdruck, die insbesondere aus → diskursiver Theorieperspektive als populistisch einzuordnen ist, wohingegen für die ideelle Definition die ausgemachte Homogenität des ‚Volkes‘ tendenziell fehlt. Als Ko-Vorsitzender der Partei berief sich Oskar Lafontaine auf „das Volk“ und „die Mehrheit“ gegen die etablierte Politik, was die Parteienforscher Dan Hough und Michael Koß im Fall insbesondere von Lafontaines Person als populistisch bezeichnen. Aber auch unter dem Vorsitz von Katja Kipping und Bernd Riexinger war ein humanistischer Linkspopulismus zu erkennen, nicht zuletzt im Kontext der sog. Flüchtlingskrise und des Aufstiegs der AfD, als DIE LINKE für eine „soziale Offensive“ für „alle Menschen“ gegen eine Politik für „die Mächtigen und Reichen“ eintrat.

Literaturtipps | Zur Analyse des Populismus der AfD siehe etwa folgende Publikationen: Bebnowski, D.: Die Alternative für Deutschland: Aufstieg und gesellschaftliche Repräsentanz einer rechten populistischen Partei, Springer VS 2015; Kim, S.: The Populism of the Alternative for Germany (AfD): An Extended Essex School Perspective, in: Palgrave Communications 3, 5, 2017, S. 1–11; Häusler, A. (Hrsg.): Völkisch-autoritärer Populismus. Der Rechtsruck in Deutschland und die AfD, VSA 2018.

Siehe zur Analyse des Populismus der Linkspartei: Hough, D.; Koß, M.: Populism Personified or Reinvigorated Reformers? The German Left Party in 2009 and Beyond, in: German Politics and Society, 27, 2, 2009, S. 76–91; Hough, D.; Keith, M.: The German Left Party: A Case of Pragmatic Populism, in: Katsambekis, G.; Kioupkiolis, A. (Hrsg.), The Populist Radical Left in Europe, Routledge 2019, S. 129–144.

Welche populistischen Protestbewegungen gibt es heute in Deutschland?

In den Diskussionen über populistische Protestbewegungen in Deutschland bildet PEGIDA einen zentralen Bezugspunkt. Dabei war PEGIDA bei weitem nicht die erste populistische Bewegung dieses Jahrhunderts in der Bundesrepublik. Bereits die sog. „Montagsdemonstrationen gegen Sozialabbau“ ab Herbst 2003 eigneten sich den Slogan „Wir sind das Volk“ an, was aufgrund der damit einhergehenden Berufung auf die Montagsdemonstrationen 1989/90 in der DDR Gegenwind hervorrief. Die Proteste ab 2003 drehten sich um die zentrale Gegenüberstellung von „Volk“ gegen eine Politik des „Sozialabbaus“ der damaligen rot-grünen Bundesregierung, die sich insbesondere in den negativ aufgeladenen Begriffen „Hartz IV“ und „Agenda-Politik“ herauskristallisierten.

Ab Herbst 2014 – ungefähr eine Dekade später – eigneten sich die PEGIDA-Proteste den historischen Bezugspunkt der Montagsdemonstrationen 1989/90 für sich an, indem sie jeden Montag in Dresden mit „Wir sind das Volk“-Rufen gegen eine Reihe von Bedrohungserscheinungen auf die Straßen gingen: „Islamisierung des Abendlandes“, „Merkel“ als Galionsfigur einer neuen „Diktatur“ sowie einer verfehlten Europolitik. Hier trat Populismus im Namen von „Volk“ vor allem gegen „Merkel“ und deren Regierungspolitik in Kombination mit einem islamfeindlichen → Nativismus, der sich nicht zuletzt gegen Fluchtbewegungen nach Deutschland und Europa richtete. Die PEGIDA-Proteste dienten letzlich als wichtiger Katalysator der Rechtsverschiebung innerhalb der AfD, indem die von Björn Höcke und André Poggenburg lancierte Erfurter Resolution 2015 eine Neuorientierung der Partei als „Bewegung unseres Volkes“ forderte und innerparteiliche Umbruchsprozesse einleitete, die im Juli 2015 in die spektakuläre Abwahl von Bernd Lucke als Ko-Parteisprecher mündeten.

Ab Frühling 2020 entstanden schließlich die als populistisch rezipierten Querdenken-Proteste (anfänglich auch „Hygiene-Demos“ genannt) gegen die Maßnahmen von Bund und Ländern zur Bekämpfung der COVID-19-Pandemie in Deutschland. Auch bei Querdenken spielte der Protestruf „Wir sind das Volk“ eine zentrale Rolle in Kombination mit Vorwürfen einer neuen „Diktatur“ sowie diversen Verschwörungserzählungen in Bezug auf Bill Gates oder auch George Soros als angebliche Drahtzieher hinter dem Virus und/oder dem Impfstoff als Kontrollinstrument dunkler Mächte. Hier lässt sich die populistische Berufung auf eine gemeinsam ausgemachte Identität als „das Volk“ gegen staatliche Kontrolle als verbindendes Element einer radikal heterogenen Protestbewegung wie Querdenken hervorheben.

Literaturtipp | Zu PEGIDA siehe etwa: Vorländer, H.; Herold, M.; Schäller, S.: PEGIDA. Entwicklung, Zusammensetzung und Deutung einer Empörungsbewegung, Springer VS 2016, sowie Volk, S.: „Wir sind das Volk!“ Representative Claim-Making and Populist Style in the PEGIDA Movement’s Discourse, in: German Politics, 29, 4, 2020, S. 599–616.

Welche Unterschiede in den Varianten des Populismus gibt es zwischen Nord- und Südeuropa?

Eine immer wiederkehrende Frage in der vergleichenden Forschung zu Populismus bezieht sich auf regionale Variationen: Welche Spielarten des Populismus sind in den verschiedenen Teilen Europas besonders verbreitet? In Bezug auf Nord-Süd-Unterschiede hat sich in der medialen sowie wissenschaftlichen Öffentlichkeit die Wahrnehmung etabliert, dass → Linkspopulismus vor allem ein südeuropäisches Phänomen darstellt, wohingegen → Rechtspopulismus in Nordeuropa besonders etabliert ist.

Diese Sichtweise übersieht, dass Linkspopulismus bis etwa 2010 ein primär nordeuropäisches Phänomen war und als solches über die verschiedenen Theorieansätze hinweg rezipiert wurde. Cas Mudde als Vertreter des → ideellen Ansatzes nannte in den 2000er Jahren die Partei DIE LINKE in Deutschland, die Sozialistische Partei in den Niederlanden und die Scottish Socialist Party in Schottland als Paradebeispiele für Linkspopulismus, wobei auch Enhedslisten in Dänemark hinzugezählt werden könnte. Diese Parteien appellierten gerade in Bezug auf Kernthemen wie Sozialabbau und Friedenspolitik an → „das Volk“, „die (arbeitenden) Menschen“ oder auch „die Gemeinschaft“ gegen → „die Elite“ oder auch mächtige „Profitinteressen“. In Südeuropa gab es Linkspopulismus eher im Einzelfall von Andreas Papandreous PASOK in den 1970er und 1980er Jahren. Erst ab 2010 mit der Eurokrise verbreitete sich der Linkspopulismus in Südeuropa in Form von Syriza in Griechenland, Linksfront um Jean-Luc Mélenchon (später France Insoumise) in Frankreich und Podemos in Spanien. Diese Parteien appellierten an „das Volk“ oder „die Menschen“ insbesondere im Kontext krisenbedingter Dislokationen und gesellschaftlicher Regressionserfahrungen gegen „die Finanzoligarchie“, „die innere und externe Troika“ oder auch „die Kaste“. Gleichzeitig gab es weiterhin auch Linkspopulismus in Nordeuropa, beispielsweise in Form von DIE LINKE, SP sowie teilweise auch bei der (primär klassenpolitisch orientierten) Arbeiterpartei Belgiens mit ihrer Berufung auf „werktätige Menschen“ gegen „die Elite“.

Parallel dazu ist → Rechtspopulismus ein Phänomen, das sowohl in Nord- als auch in Südeuropa eine starke Verankerung hat, wenn auch mit unterschiedlichen Akzenten. In den skandinavischen Ländern entstand ab den 1970er Jahren eine Reihe von Antisteuer- und Antimigrationsparteien von rechts (beginnend mit der dänischen Fortschrittspartei), die insbesondere in ihrer antibürokratischen Staatskritik populistische Elemente aufwiesen. In Belgien (Vlaams Blok), Frankreich (Front National), und Österreich (FPÖ) gab es ab Ende der 1980er Jahre einen rasanten Aufstieg radikalnativistischer Rechtsaußenparteien mit einwanderungs- und islamfeindlichem Markenkern, die zusätzlich populistische Appelle gegen das etablierte politische System richteten und bis heute etablierte Größen bilden. In Italien entstanden nach dem sog. Tangentopoli-Skandal Anfang der 1990er Jahre diverse rechte Populismen, die „das Volk“ oder auch „die Menschen“ gegen „die alten Parteien“ oder auch die „Parteikratie“ (*partitocrazia*) aufrief: von Berlusconis Forza Italia bis hin zur Lega, die einen regionalistischen Populismus gegen die Zentralregierung („das diebische Rom“) mit Nativismus kombinierte. Auch wenn Rechtspopulismus auf der iberischen Halbinsel und in Griechenland keine lange Vorgeschichte hat, gab es auch hier Durchbrüche im Laufe der 2010er Jahre insbesondere in Reaktion auf die Eurokrise (ANEL in Griechenland) bzw. die Sezessionsbestrebungen in Katalonien (Vox in Spanien als antiregionalistisch-nationalistische Partei mit populistischen Elementen). Gerade die Länder der geografischen Peripherie Nord- und Südeuropas – Island, Irland,

Malta, Portugal, Zypern – waren lange Zeit für das Fehlen einer bedeutsamen Rechtsaußenpartei bekannt, wobei in Portugal und Zypern mit dem rasanten Aufstieg von Chega bzw. ELAM in den letzten Jahren die Verhältnisse neu gemischt worden sind. Inwiefern diese jüngeren Phänomene in weniger erforschten Länderkontexten populistische Merkmale aufweisen, bildet nach wie vor ein Forschungsdesiderat.

Welche Unterschiede in den Varianten des Populismus gibt es zwischen West- und Osteuropa?

Die untereinander sehr heterogenen Länder Mittel- und Osteuropas haben mitunter den Ruf eines Hortes des → Rechtspopulismus, insbesondere wenn man an vielzitierte Beispiele wie Fidesz in Ungarn und Recht und Gerechtigkeit in Polen denkt. In der Tat ist → Linkspopulismus in diesen Ländern ein seltenes Phänomen geblieben: Einen Ausnahmefall bildet etwa die Arbeiterunion in Polen, die Anfang der 1990er Jahre aus dem linken Flügel der Solidarność entstand und linkspopulistisch an „die einfache Menschen" gegen „Eliten" und (Wirtschafts-)„Liberalen" appellierte. Gleichzeitig sind die Länder Ostmitteleuropas für die scheinbare Prävalenz eines → Populismus der Mitte herausgegriffen worden (↠ Gibt es einen Populismus der Mitte?). Diese zentristischen Populismen zeichnen sich dadurch aus, dass sie an ‚die Menschen' gegen etablierte Parteien appellieren, die angeblich hinter der Fassade von Links-Rechts-Differenzen genauso korrupt und inkompetent regieren – nicht zuletzt in Kontexten, wo sich etablierte Parteien aus mehreren Parteienlagern nach 1989/90 an der Macht bereits abgewechselt haben. Zu den bekannten Beispielen aus der Region gehören etwa die anfängliche Smer (zu Beginn der 2000er Jahre) in der Slowakei, ANO um Andrej Babiš in Tschechien oder auch USR in Rumänien. Dass zentristischer Populismus aber kein ausschließlich mittel- und osteuropäisches Phänomen darstellt, zeigt sich an bekannten Beispielen aus Westeuropa wie die Fünf-Sterne-Bewegung in Italien sowie teilweise Emmanuel Macron im Präsidentschaftswahlkampf 2017.

Auch wenn Rechtspopulismus sowohl in West- als auch in Mittel- und Osteuropa sehr weit verbreitet ist, lassen sich einige Besonderheiten des mittel- und osteuropäischen Raumes hervorheben. Im postsozialistischen Kontext gab es bereits in den 1990er Jahren das häufig auftretende Narrativ, dass es keinen wirklichen Regimewechsel gegeben hat und die alten Eliten immer noch an der Macht sind – was beispielsweise den Populismus der Republikaner in Tschechien, MIÉP in Ungarn und später auch PiS in Polen charakterisierte. Hinzu kam in manchen Ländern das Element revanchistischer Appelle an ehemalige Staatsgebiete bzw. an ethnische Landesleute, die in einem oder mehreren Nachbarstaaten leben: Dies war für die Republikaner in Tschechien (anfänglich), MIÉP sowie später Jobbik und Fidesz in Ungarn oder auch die PRM in Rumänien maßgebend. Vor diesem Hintergrund dürfte es nicht überraschend sein, dass in den beiden meistzitierten Fällen von autoritären Regierungstendenzen im Zusammenhang mit Rechtspopulismus in der Region – nämlich Fidesz und PiS – solche Besonderheiten im Spiel sind.

Insgesamt muss betont werden, dass „Rechtspopulismus" gerade im mittel- und osteuropäischen Raum ein sehr breites Spektrum umfasst: vom konservativen Populismus von OĽaNO in der Slowakei, die sich sogar als Verteidiger der liberalen Demokratie positionierte, bis hin zu offen neofaschistischen Gruppierungen mit populistischen Elementen, wie bei der anfänglichen Jobbik in Ungarn und teilweise auch der ĽSNS in der Slowakei – wobei auch hier ähnliche (spätere) Beispiele in West- und Südeuropa auffindbar wären (z. B. Goldene Morgenröte in Griechenland). Insofern hat Mittel- und Osteuropa nicht nur eine etwas größere Bandbreite an rechten Populismen, sondern auch eine gewisse Vorreiterrolle gegenüber dem Westen des Kontinents, wie die frühzeitige Entstehung neuer Spielarten des Populismus innerhalb des rechten Spektrum zeigt: Man denke etwa an die Republikaner in Tschechien als frühes Beipsiel für antikommunistischen Populismus (ab Anfang der 1990er Jahre) oder auch Jobbik als Paradebeispiel für völkisch-nationalistischen bis neofaschistischen Populismus (ab Mitte der 2000er Jahre).

Welche Unterschiede in den Varianten des Populismus gibt es zwischen Europa und Lateinamerika?

In ihren Schriften zu Beginn der 2010er Jahre formulierten Cas Mudde und Cristóbal Rovira Kaltwasser ihre inzwischen bekannte These, dass Populismus in Europa primär rechts und exklusiv, in Lateinamerika hingegen primär links und inklusiv ausfällt. Seitdem ist das Bild in beiden Kontinenten vielfältiger geworden, insbesondere mit dem Hinzukommen neuer Linkspopulismen im Zuge der Eurokrise in Europa sowie dem Aufstieg rechtspopulistischer Kräfte in Lateinamerika wie Jair Bolsonaro in Brasilien.

Als allgemeiner Trend in Lateinamerika lässt sich erstens konstatieren, dass → Linkspopulismus der dominante Typus bleibt und insbesondere in den letzten fünf Jahren in Ländern Fuß fassen konnte, die zuvor kontinuierlich von Mitte-Links- oder Mitte-Rechts-Exekutiven regiert und dementsprechend der ‚rosaroten Welle' des lateinamerikanischen Linkspopulismus nicht zugeordnet worden waren (z. B. Chile, Kolumbien, Mexico). Gleichzeitig sind neben Bolsonaro in Brasilien einige rechtsradikale Akteure in den Mittelpunkt gerückt, beispielsweise in Form von Nayib Bukele in El Salvador und Javier Milei in Argentinien. Beide Politiker kombinieren radikal marktlibertäre Positionen mit populistischen Appellen, die das Versprechen einer Überwindung tiefer Krisensituationen (z. B. mit Hyperkriminalität in El Salvador und Hyperinflation in Argentinien) in sich tragen. Insbesondere der extrem marktlibertäre Markenkern mit gewagten Experimenten wie die Einführung von Bitcoin in El Salvador und die Forderung nach Dollarisierung im Fall Milei deutet auf eine neue Qualität an rechter Politik hin, die auch mit Populismus in Kombination treten kann.

Im Vergleich zu den lateinamerikanischen Pendants haben sich einerseits die europäischen Fälle von → Linkspopulismus als weniger erfolgreich bzw. kurzlebiger in der Regierungsbeteiligung erwiesen, während die zahlreichen Beispiele für → Rechtspopulismus in Europa andererseits nicht ansatzweise an die wirtschaftspolitisch marktlibertäre Radikalität und Experimentierfreudigkeit eines Bukele oder Milei herankommen. Dafür gibt es in Europa eine größere Bandbreite sowie etabliertere Verankerung rechter Populismen: Gerade in der Wirtschaftspolitik ist das Universum an europäischen Rechtspopulismen höchst heterogen, von der sozialdarwinistisch-marktlibertären Haltung des FvD in den Niederlanden bis hin zum wohlfahrtsstaatlichen Sozialpopulismus bei PiS in Polen. Dabei hat es bei zahlreichen etablierten Rechtsaußenparteien – wie Vlaams Belang in Belgien, Front National bzw. Rassemblement National in Frankreich, Lega in Italien oder auch der Partei für die Freiheit in den Niederlanden – eine Verschiebung von marktliberalen hin zu sozialprotektionistischen Positionen gegeben. Hierzu gehört die Forderung nach früherem Renteneintritt nach kumulativ geleisteter Arbeitszeit (z. B. Rente nach 62 Lebens- und 38 Beschäftigungsjahren) und die vehemente Ablehnung neoliberaler Rentenreformen in einigen dieser Länder, die teilweise populistisch artikuliert wird. In dieser Hinsicht hat es in mehreren Fällen rechter Populismen in Europa eine sozialpolitische Evolution sowie gezielte Aneignung der Rentenpolitik als umstrittenes Feld in vielen europäischen Wohlfahrtsstaaten gegeben.

Welche Unterschiede in den Varianten des Populismus gibt es zwischen dem globalen Norden und dem globalen Süden?

Aufgrund der großen Vielfalt an populistischen Phänomenen jeweils innerhalb des (wiederum sehr heterogenen) globalen Nordens sowie Südens ist es schwierig, allgemeine Schlüsse über Unterschiede zu ziehen. Im sog. globalen Süden sind in den letzten Jahren prominente Beispiele für Populismus (teilweise an der Macht) angeführt worden: von der BJP um Narendra Modi in Indien und Rodrigo Duterte in den Philippinen bis hin zu den Economic Freedom Fighters (EFF) in Südafrika. Diese Beispiele verweisen auf die Besonderheiten des Kontextes, aus dem sie jeweils entstanden sind und mit dem ihr Markenkern entsprechend einhergeht: vom hinduistischen Nationalismus der BJP und dem harten Antikriminalitätskurs Dutertes bis hin zu Enteignungsforderungen gegenüber Weißen im Fall der EFF. Diese Besonderheiten haben in der Forschung zu Versuchen neuer Typenbildung geführt, beispielsweise mit dem Begriff des Strafpopulismus (engl. *penal populism*) im Fall Duterte.

Einen nennenswerten Aspekt bei der Einordnung von Populismus in globaler Nord-Süd-Perspektive bilden die sog. Zentrum-Peripherie-Beziehungen, die in den Anfängen der Populismusforschung in den 1960er Jahren beispielsweise mit Blick auf sog. importsubstituierende Entwicklungsregime (→ Welche Beispiele für populistische Bewegungen oder Parteien im 20. Jahrhundert gibt es?) als prägender Aspekt des Populismus hervorgehoben worden waren. Im Fall der verschiedenen Linkspopulismen in Lateinamerika lässt sich beobachten, dass eine nationale Entwicklungsagenda mit antiimperialistischem Beiklang sowie Orientierung an (oft durch staatlich gesteuerte Ressourcenextraktion gestützter) wohlfahrstaatlicher Umverteilungspolitik eng verbunden wird. Bemerkenswert ist dabei, dass diese Art von entwicklungsstaatlicher Politik (engl. *developmentalism*) – wenn auch mit deutlich weniger Umverteilungsorientierung und staatlicher Steuerung – teilweise für rechtspopulistische Regierungspraktiken in Ostmitteleuropa etwa bei Fidesz in Ungarn und PiS in Polen festgestellt worden sind, wie Katharina Bluhm und Mihai Varga aus politökonomischer Perspektive argumentiert haben. So gesehen stellt die Verknüpfung von Populismus und *developmentalism* bei weitem kein auf den globalen Süden begrenztes Phänomen dar.

Literaturtipp | Zur Analyse des *penal populism* bei Duterte siehe Curato, N.: Politics of Anxiety, Politics of Hope: Penal Populism and Duterte's Rise to Power, in: Journal of Current Southeast Asian Affairs, 35, 3, 2016, S. 91–109.
Zur *developmentalism*-These in Bezug auf Mittel- und Osteuropa siehe Bluhm, K.; Varga, M. (Hrsg.): New Conservatives in Russia and East Central Europe, Routledge 2019.

Antipopulismus

Wer Populismus verstehen will, muss nicht zuletzt Antipopulismus verstehen. Was ihn ausmacht, welche Varianten es gibt, wie er analysiert werden kann und welche Folgen er hat, beschreibt dieses Kapitel.

Was bedeutet Antipopulismus?

Antipopulismus bezeichnet im breitesten Sinne eine Form von Politik, die sich gegen „Populismus“ als vermeintliche Bedrohung der gesellschaftlichen Ordnung richtet und dahinter insbesondere ein breites (etwa vom linken bis zum rechten Spektrum reichendes) Bündnis heterogener Kräfte vermutet. Insofern lässt sich → Antipopulismus erst einmal durchaus ähnlich wie andere „Anti“-Ismen wie Antikommunismus oder auch Antiliberalismus als Phänomen konzeptualisieren, das ein politisches Etikett (in diesem Fall „Populismus“) negativ auflädt und zu einem Kampfbegriff macht, der aufgrund seiner stark pejorativen Besetzung eine brandmarkende Wirkung haben soll. Analog zu Antikommunismus und Antiliberalismus zeichnet sich Antipopulismus dadurch aus, dass der Kampfbegriff „Populismus“ auch an Akteur:innen gewendet wird, die sich nicht als dazugehörig bzw. sich nicht als Teil einer gemeinsamen Sache mit anderen sehen, die als solche etikettiert werden. Man denke an die Logik des Antikommunismus, wie sie beispielsweise im McCarthyismus in den USA oder auch in den „Rote Socken“-Kampagnen der CDU in Deutschland zum Ausdruck kam: Es werden ausdrücklich nicht nur selbstbezeichnende Kommunisten als „kommunistisch“ gebrandmarkt, sondern auch Ex-Kommunisten, Sozialdemokraten oder auch Linksliberale stehen unter dem Verdacht, im Schulterschluss mit den Kommunisten zu stehen.

In ähnlicher Hinsicht bringt Antipopulismus einen flexibel handhabbaren Generalverdacht zum Ausdruck und zieht dadurch die Grenze zwischen legitimer und illegitimer Politik, zwischen akzeptablen und inakzeptablen Akteur:innen. Man denke beispielsweise an einige der Wahlkampfaussagen der CDU im Vorfeld der Bundestagswahl 2017: Generalsekretär Peter Tauber bezeichnete Frauke Petry von der AfD und Sahra Wagenknecht von der Partei DIE LINKE – zwei Politikerinnen, die sich ausdrücklich nicht als Teil einer gemeinsamen Sache sahen und sehen – als „das doppelte Lottchen des Populismus in Deutschland“ und positionierte die CDU als die einzige Partei, die sich vom „Populismus von links und von rechts“ distanzieren vermag. Dieses Beispiel zeigt, wie Antipopulismus dazu dient, eine Frontlinie in der Politik zu ziehen:

Auf der einen Seite stehen die Populisten verschiedenster Couleur, auf der anderen wir, ihre Gegner, die die Demokratie verteidigen.

So gesehen weist Antipopulismus eine wesentliche Strukturähnlichkeit mit Populismus auf, indem er eine antagonistische Zweiteilung mit sich bringt: Anders als → ‚Volk' gegen → ‚Elite' im Populismus sind es ‚die Gegner des Populismus' gegen ‚die Populisten'. Anders als im Populismus muss diese Zweiteilung aber nicht einer Oben-Unten-Logik (wir unten gegen ‚die da oben') folgen. Häufig geht Antipopulismus mit der Behauptung einher, die Demokratie gegen Populismus zu verteidigen. Grundsätzlich setzt Antipopulismus ein Bild von gesellschaftlicher Ordnung ohne ‚Populismus' voraus: sei es im Sinne technokratischen Regierens, eines rationalen Konsens oder auch einer wehrhaften Demokratie. Die Aufgabe der (Anti-)Populismusforschung wäre es im Einzelnen zu untersuchen, was hinter solchen antipopulistischen Ansprüchen steckt, ‚Populismus' stoppen zu wollen: welche Bedrohungen und Missstände mit Populismus in Verbindung gebracht werden und was für eine Vorstellung von gesellschaftlicher Ordnung ohne Populismus vertreten wird.

Warum ist Antipopulismus relevant, um Populismus zu verstehen?

Antipopulismus bildet grundsätzlich eine Kraft, die die Bedeutung von „Populismus" in der Öffentlichkeit mitbestimmt: Das weit verbreitete Alltagsverständnis von Populismus als negativ aufgeladenem Kampfbegriff ist nicht zuletzt als historisch gewachsenes Produkt antipopulistischer Prägungen zu betrachten (→ Inwiefern unterscheiden sich wissenschaftliche Begriffsbestimmungen vom alltäglichen Gebrauch des Populismusbegriffs?). Hierfür gibt es mehrere mögliche Gründe: Erstens ist Populismus als Kategorie der Selbstbezeichnung – mit Ausnahme etwa der → People's Party des späten 19. und frühen 20. Jahrhunderts in den USA – sehr selten hervorgetreten: Es gab historisch gesehen keine populistischen Gründungsmanifeste und keinen erkennbaren Kanon an populistischen Vordenker:innen, so dass es meistens den Antipopulisten überlassen war, die Geschichte des Populismus zu schreiben und Populismus in der Öffentlichkeit zu thematisieren. Ein häufig genanntes Beispiel für → Antipopulismus in diesem Zusammenhang ist das Werk des US-amerikanischen populärwissenschaftlichen Historikers Richard Hofstadter, der eine negative Interpretation der People's Party als antisemitisch-verschwörungstheoretischer Bewegung vertrat und dabei maßgeblich dazu beitrug, den Begriff des Populismus als Gegenstand der öffentlichen Diskussion in den USA zu etablieren.

Als weiterer Grund für die Wirkmächtigkeit des Antipopulismus lässt sich die These anführen, dass es sich beim Antipopulismus um eine Art verkappte Kritik der demokratischen Volkssouveränität handelt: Demnach dient die Verteufelung des ‚Populismus' auf Umwegen dazu, das populistisch reklamierte ‚Volk' als Kategorie demokratischer Politik zu verdrängen, da eine direkte Ablehnung der Volkssouveränität sonst schwer zu rechtfertigen wäre. Diese These geht mit der Diagnose einher, dass Antipopulismus heute wesentlich zur Rechtfertigung und Verteidigung einer postdemokratischen Ordnung dient, in der die Volkssouveränität längst ausgehöhlt worden ist (→ Warum entsteht Antipopulismus?).

Insgesamt ergibt sich die Relevanz des Antipopulismus für die Populismusforschung aus dem Umstand, dass „Populismus" als Gegenstand der Analyse einen besonders vorbelasteten Begriff darstellt, was eine Reihe von Implikationen mit sich bringt. Bereits bei einer begrifflichen Annäherung an Populismus ist man mit einer Vorgeschichte an pejorativen Begriffsbestimmungen konfrontiert, die sich beispielsweise im weit verbreiteten alltagsverständlichen Gebrauch als Kampfbegriff niederschlägt. Allein die Präsenz des Antipopulismus im öffentlichen Bewusstsein zwingt die Populismusforschung dazu, sich mit antipopulistischen Begriffsbestimmungen im Zuge der eigenen Theoriebildung auseinanderzusetzen. Darüber hinaus kann das Phänomen des Antipopulismus politisch wirkmächtig sein, indem es im Namen der Bekämpfung der vermeintlichen Gefahr des Populismus zur Rechtfertigung bestimmter Politiken und Praktiken dient.

Literaturtipps | Zum Verhältnis von Antipopulismus und Populismus in theoretischer, empirischer sowie gegenwartsdiagnostischer Hinsicht siehe etwa: Stavrakakis, Y.: The Return of „the People": Populism and Anti-Populism in the Shadow of the European Crisis, in: Constellations, 21, 4, 2014, S. 505–517; Moffitt, B.: The Populism/Anti-Populism Divide in Western Europe, in: Democratic Theory, 5, 2, 2018, S. 1–16; Stavrakakis, Y.; Katsambekis, G.: The Populism/Anti-Populism Frontier and its

Mediation in Crisis-Ridden Greece: From Discursive Divide to Emerging Cleavage?, in: European Political Science, 18, 1, 2019, S. 37–52.

Inwiefern sind Theorien des Populismus antipopulistisch?

Vor dem Hintergrund der Prävalenz antipopulistischer Deutungen stellt sich die Frage, inwiefern Theorien des Populismus selbst antipopulistisch geprägt sind bzw. antipopulistische Deutungsmuster bei der Begriffsbestimmung von Populismus übernehmen. In diesem Zusammenhang argumentierten der Diskursforscher Yannis Stavrakakis und der Historiker Anton Jäger in einer 2018 erschienenen Sammelrezension, dass sich inzwischen ein „neuer Mainstream“ der Populismusforschung um die Grundannahme herausgebildet hat, dass Populismus als moralistisches und pathologisches Phänomen jenseits des vermeintlichen Normalzustands der Politik zu verstehen ist.

Es gibt in der Tat prominente Theorien, die Populismus als Gegenteil von Demokratie begreifen. Hierzu gehört beispielsweise die Theorie Jan-Werner Müllers, die hierzulande besonders einflussreiche Wirkung entfalten konnte und sogar in den Reden des Bundespräsidenten gelegentliche Erwähnung findet. Nach Müllers Theorie bildet Populismus einen moralistisch aufgeladenen Alleinherrschaftsanspruch, der das ‚Volk‘ als exklusive Repräsentationsdomäne einer einzigen Führungsfigur bzw. Partei aufruft – als direkte Negierung des demokratischen Wettbewerbs im Sinne legitimer politischer Gegnerschaft – und insofern sogar Affinitäten mit historischen Formen des Totalitarismus aufweist (→ Wie ist das Verhältnis von Populismus und Demokratie zu bewerten?). Auch der französische Philosoph Pierre Rosanvallon bezeichnet Populismus als eine Form von „Gegen-Demokratie“, die aus dem demokratischen Bedürfnis nach Transparenz und Machtkontrollen entsteht und dabei ins Gegenteil der Demokratie umschlägt.

Abgesehen von dieser Betrachtungsweise von Populismus als antidemokratisch identifizieren Stavrakakis und Jäger die Tendenz in der Populismusforschung, Populismus als moralistisch aufgeladenes Phänomen aufzugreifen und damit eine vom Moralismus befreite

Normalität liberaldemokratischer Politik vorauszusetzen, die es nie gegeben hat. Der Moralismus als Definitionskriterium für Populismus findet sich an prominenter Stelle bei Cas Mudde und Cristóbal Rovira Kaltwasser, die eine moralistische und manichäische Aufladung der Kategorien ‚reines Volk' und ‚korrupte Elite' definitorisch voraussetzen. Hier stellen die beiden Rezensenten infrage, inwiefern Moralismus als sinnvolles Unterscheidungsmerkmal für Populismus dienen kann – und inwiefern es überhaupt Politik ohne moralische Unterscheidungen im Sinne von gut/böse oder auch Pro/Contra geben kann.
So gesehen lassen sich Anhaltspunkte für → Antipopulismus in Theorien des Populismus dort auffinden, wo Populismus als direktes Gegenteil von Demokratie aufgefasst werden – aber auch dort, wo Populismus anhand von Merkmalen pathologisiert wird, die aus der Politik im Allgemeinen kaum wegzudenken sind und damit Fragen nach dem Ausgangsverständnis von (nicht-populistischer) Politik aufwerfen, die dabei implizit vorausgesetzt wird.

Literaturtipp | Zur Kritik des „neuen Mainstreams" der Populismusforschung siehe die Rezension: Stavrakakis, Y.; Jäger, A.: Accomplishments and Limitations of the „New" Mainstream in Contemporary Populism Studies, in: European Journal of Social Theory, 21, 4, 2018, S. 547–565.

Wie analysiert man Antipopulismus in der Forschungspraxis?

Ähnlich wie für Populismus stellt sich die Frage, was für eine Art von Phänomen → Antipopulismus darstellt – beispielsweise ein Diskurs, eine Ideologie, ein Stilmittel oder eine Strategie – und wie er sich für empirische Forschung operationalisieren lässt. Ein Großteil der bestehenden Studien über Antipopulismus zieht die diskursive Theorieperspektive heran, um Antipopulismus als eine Form von Diskurs zu konzeptualisieren. Dabei wäre es genauso denkbar, Antipopulismus in Anlehnung an die → ideelle Populismusdefinition als moralistisch aufgeladene, dünne Ideologie zu verstehen. Pierre Ostiguy als Vertreter des → stilistischen Theorieansatzes verortet Antipopulismus als Gegenpol zu Populismus entlang der kulturellen Niedrig-Hoch-Achse: Demnach zeichnet sich Antipopulismus durch die Aneignung kulturell ‚hoher' und ‚respektabler' Verhaltensnormen in Abgrenzung gegen Populismus als ‚niedrige' und ‚vulgäre' Form von Politik aus.

In der Forschungsliteratur zu Antipopulismus überwiegen dennoch jene an den diskursiven Theorieansatz angelehnten Studien. Aus dieser Perspektive lässt sich Antipopulismus genauso wie Populismus anhand derselben PDA-Begrifflichkeit operationalisieren (↠ Wie analysiert man Populismus als Diskurs?): nämlich als äquivalenzlogische Bündelung differenzieller Identitäten gegen einen gemeinsamen Dritten, in diesem Fall „Populismus" als Feindbild. Somit fungieren „Populismus" einerseits und so etwas wie „Demokratie" zur Bezeichnung der Wir-Identität andererseits als gegenüberstehende diskursive Knotenpunkte, zwischen denen eine antagonistische Zweiteilung verläuft. Die Aufgabe für eine Diskursanalyse besteht darin, die mit solchen Knotenpunkten verbundenen Inhalte im Einzelnen auseinanderzunehmen und somit nachzuzeichnen, mit welchen Bedrohungen und Missständen „Populismus" in Verbindung gebracht wird und welche Elemente wiederum als zugehörig zur antipopulistischen Wir-Seite konstruiert werden.

Der diskursive Ansatz zur Erforschung von Antipopulismus hat in Bezug auf Parteien- sowie insbesondere Mediendiskurse breite Verwendung gefunden. Angesichts der starken Thematisierung von „Populismus" in der medialen Öffentlichkeit gerade in den letzten Jahren gibt es reichlich Material für solche Diskursanalysen, die auch zur Identifizierung von Varianten des Antipopulismus beitragen können (↠ Welche Varianten des Antipopulismus gibt es?).

Warum entsteht Antipopulismus?

Auf diese Frage gibt es grundsätzlich zwei Antworten: Die erste wäre, dass → Antipopulismus im Wesentlichen in Reaktion auf Populismus und insbesondere auf den rasanten Aufstieg populistischer Kräfte in jüngerer Vergangenheit entsteht. Als zweite Antwortmöglichkeit lässt sich die These anführen, dass Antipopulismus ein tief verankertes Misstrauen gegen die Volkssouveränität zum Ausdruck bringt und zur Verteidigung einer postdemokratischen Ordnung dient, die populistische Herausforderungen im Namen der Volkssouveränität erst überhaupt befeuert.

Nach der ersten Antwortvariante wäre Antipopulismus grundsätzlich etwas, was reaktiv in Antwort auf Populismus entsteht und einen politisch unbestimmten Charakter hat. So gesehen gibt es Antipopulismus ebenso von links wie von rechts oder auch von der Mitte (→ Warum entsteht Antipopulismus?). Die Entstehung des Antipopulismus ließe sich im Kontext des Aufstiegs populistischer Kräfte verorten: Politische Parteien verschiedenster Couleur – vom genannten Beispiel der CDU in Deutschland bis hin zu GroenLinks in den Niederlanden – eignen sich Antipopulismus an, um sich als Bollwerk gegen populistische Herausforderungen zu präsentieren und dadurch auch die Grenzen akzeptabler und legitimer Politik zu ziehen. Dabei wäre es denkbar, dass sich Antipopulismus für ganz unterschiedliche politische Ziele einsetzen lässt, von einem konservativen Erhaltungsreflex bestehender Ordnungen bis hin zu linken Reformagenden, die sich als streitbare Alternative zu (Rechts-)Populismus präsentieren.

Als zweite Antwortvariante gibt es die These, dass Antipopulismus nicht erst in Reaktion auf Populismus, sondern aus einem tief verwurzelten Misstrauen gegen die Volkssouveränität entsteht und in gegenwärtigen Verhältnissen zur Rechtfertigung und Verteidigung einer postdemokratischen Ordnung dient. Diese Lesart wird von den politischen Theoretikern Dirk Jörke, Oliver Marchart, Veith Selk und Yannis Stavrakakis vertreten, die → „Postdemokratie“ in Anlehnung an Colin Crouch und Jacques Rancière als Aushöhlung der Volkssouveränität im Namen eines rationalen Konsens, technokratischer Sachzwänge und/oder marktwirtschaftlicher Imperative betrachtet, beispielsweise in Form einer Verwässerung von Links-Rechts-Gegensätzen im Parteienwettbewerb und des Kompetenzverlusts demokratisch gewählter Vertretungsorgane gegenüber Expertengremien und Marktkräften. Demnach fungiert Antipopulismus in diesem Kontext als verkappte Kritik der Volkssouveränität, indem populistische Kräfte, die die als verlorengegangen empfundene Volkssouveränität reklamieren, als irrational gebrandmarkt werden, und die vom „Populismus“ bedrohte postdemokratische Ordnung als

die einzig mögliche Demokratie verteidigt wird. So gesehen ist es nicht zuletzt der Antipopulismus selbst, der durch das Beharren auf einer für viele diskreditierten Ordnung populistische Herausforderungen überhaupt erst hervorbringt und befeuert. Insbesondere Yannis Stavrakakis verweist auf eine Hochkonjunktur des Antipopulismus im Kontext der Eurokrise, in der die umstrittene Krisenpolitik vieler Regierungen und auf EU-Ebene häufig als einzige Alternative zu einem irrationalen und bedrohlichen (meistens mit rechten Parteien konnotierten) Populismus rechtfertigt wurde.
Die beiden genannten Antwortmöglichkeiten schließen sich nicht gänzlich aus: Die Postdemokratie-Diagnose verweist auf ein mögliches empirisches Muster, das neben anderen Formen des heutigen Antipopulismus vorkommen kann. So gesehen könnte der von den genannten Beobachtern identifizierte neoliberal-postdemokratische Antipopulismus als eine Spielart unter vielen eingeordnet werden (→ Welche Varianten des Antipopulismus gibt es?).

Literaturtipps | Siehe zur Postdemokratie-Diagnose im Zusammenhang mit Antipopulismus: Jörke, D.; Selk., V.: Der hilflose Antipopulismus, in: Leviathan, 43, 4, 2015, S. 484–500, sowie Marchart, O.: Liberaler Antipopulismus. Ein Ausdruck von Postpolitik, in: Aus Politik und Zeitgeschichte, 44–45, 2017, S. 11–16, sowie den oben genannten Aufsatz von Stavrakakis (2014).

Inwiefern tragen Medien zu Populismus oder auch Antipopulismus bei?

Bei der Suche nach Ursachen sowohl für Populismus als auch für Antipopulismus stößt man intuitiv auf die Rolle der Medien: Schließlich gehört eine gehörige Portion Sensationalisierung des Populismus zur Funktionsweise kommerzieller Massenmedien dazu, um die Leser- und Zuschauerzahlen zu vergrößern und (gerade im digitalen Zeitalter) möglichst viele Klicks zu generieren. Im selben Zuge ließe sich vermuten, dass diese Sensationalisierung oft einer pejorativ aufgeladenen, antipopulistischen Logik folgt, indem Populismus als rasant aufsteigende, besonderes Aufsehen erregende Bedrohungserscheinung stilisiert wird.

Diese Logik haben die Politologen Jason Glynos und Aurelien Mondon als „populist hype" bezeichnet: Demnach wird Populismus mit Rechtsradikalismus weitgehend gleichgesetzt und als einzigartige Gefahr dargestellt, deren beispielloser Aufstieg die Politik permanent in Atem hält. Dadurch wird eine verengte Vorstellung von Politik als Ringen zwischen Populisten und deren Gegner:innen präsentiert. Dies hat paradoxe Folgen: Das medial vermittelte Bild einer Zweiteilung in (rechts-)populistische Herausforder:innen einerseits und Verteidiger:innen der etablierten Ordnung andererseits bedient die Erzählungen sowohl der Rechten, die sich als einzige Alternative zum bestehenden System positioniert, als auch der Antipopulisten, die sich als einziges Bollwerk gegen diese Gefahr präsentieren. Beide Seiten werden durch diese Hype-Logik befeuert und stützen sich gegenseitig in einer merkwürdigen Symbiose, in der nur das Duell (Rechts-)Populismus/Antipopulismus von Bedeutung ist und alle anderen Kräfte sich dieser Konfliktlinie fügen müssen. So wurde beispielsweise der *Pas de deux* von Macron und Le Pen während der Macron-Präsidentschaft von einigen Beobachter:innen charakterisiert, der beispielsweise in ein erneutes Duell zwischen den beiden Kandidat:innen bei den Präsidentschaftswahlen 2022 mündete.

So gesehen muss die Rolle der Medien stets unter Berücksichtigung des Beziehungsgeflechts Populismus/Antipopulismus und nicht insoliert in Bezug auf Populismus betrachtet werden. Dabei lässt sich nicht zuletzt beobachten, wie antipopulistisch geprägte Alltagsverständnisse von Populismus durch die Medien sowohl hervorgebracht als auch aufgegriffen und reproduziert werden können.

Literaturtipp | Zur Hype-These siehe den folgenden Aufsatz: Glynos, J.; Mondon, A.: The Political Logic of Populist Hype: The Case of Right-Wing Populism's „Meteoric Rise" and its Relation to the Status Quo, in: POPULISMUS Working Papers, 4, 2017.

Welche Varianten des Antipopulismus gibt es?

In der bisherigen Literatur zu → Antipopulismus dominieren die Diskussionen über eine neoliberal-postdemokratische Variante des Antipopulismus, die mit der Postdemokratie-Diagnose eng verbunden ist. Insbesondere nach der Diagnose von Yannis Stavrakakis handelt es sich hierbei um eine Form von Antipopulismus, die in Verteidigung der sich auf Marktimperative und Sachzwänge berufenden Wirtschaftspolitik auftritt und Herausforderungen gegen diese als irrational und gefährlich abtun. Stavrakakis und seine Kollegen identifizieren diese Spielart zu Beginn der 2010er Jahre nicht nur in den Parteiendiskursen der die Troika-Krisenpolitik mittragenden Kräfte in Griechenland (z. B. ND und PASOK), sondern auch beispielsweise in den Meinungskolumnen in bürgerlichen griechischen Printmedien, die von pathologisierenden Bezugnahmen auf Populismus (einschließlich der weit verbreiteten Verwendung von Krankheits- und Naturkatastrophenmetaphern) gekennzeichnet sind.

In diesem Zusammenhang wird der amtierende griechische Premierminister Kyriakos Mitsotakis als führendes Beispiel für konservativen Antipopulismus genannt, nachdem er bei den Parlamentswahlen 2019 im Namen der Bekämpfung von Populismus (in Form der Syriza-Regierung) antrat und siegreich hervorging. Auch das bereits genannte Beispiel der CDU bei der Bundestagswahl 2017 zeugt von einem konservativen Antipopulismus, der dabei ‚die Mitte' des Parteienspektrums für sich beansprucht und Populismus mit den politischen Rändern gleichsetzt. Bei den tschechischen Parlamentswahlen 2017 machte die rechte Bürgerlich-Demokratische Partei (ODS) gegen die angebliche Gefahr einer Allianz von „Populisten und Kommunisten" Wahlkampf, was auf einen antikommunistisch gefärbten Antipopulismus von rechts hindeutet. Sowohl bei der ODS als auch bei der CDU (mit deren „Rote Socken"-Kampagnen der 1990er und 2000er Jahre) zeigen sich die möglichen Kontinuitäten sowie Überschneidungen zwischen Antikommunismus und Antipopulismus.

Dass ein Antipopulismus von links auch möglich ist, zeigen zahlreiche Beispiele insbesondere aus dem nordeuropäischen Raum. Bei den niederländischen Parlamentswahlen 2017 appellierten die Linksgrünen (GroenLinks) um den Spitzenkandidaten Jesse Klaver gegen die Gefahr des „Populismus", der wiederum mit rechter Politik weitgehend gleichgesetzt und als gemeinsamer Gegner eines breiten angestrebten Bündnisses linker Parteien ausgemacht wurde. Im deutschen Kontext dient „Populismus" oft als Kampfbegriff für zahlreiche zivilgesellschaftliche Verbände, die beispielsweise sogar „Argumentationstrainings gegen Populismus" anbieten und „Populismus stoppen" als Mobilisierungsparole verwenden, wobei „Populismus" in solchen Zusammenhängen vor allem als Synonym für rechte Politik fungiert.

Literaturtipp | Zu Antipopulismus in der griechischen Öffentlichkeit siehe folgenden Aufsatz: Stavrakakis, Y. et al.: Populism, Anti-Populism, and Crisis, 17, 1, 2018, S. 4–27.

Welche Folgen hat Antipopulismus?

Diese Frage wird häufig im Zusammenhang mit der Postdemokratie-Diagnose behandelt: Wenn → Antipopulismus in Verteidigung einer postdemokratischen Ordnung gegen populistische Herausforderer entsteht, stellt sich die Frage nach seinen Konsequenzen. Hier gibt es durchaus differenzierte Antworten: Der österreichische politische Theoretiker Oliver Marchart argumentiert etwa, dass Antipopulismus postdemokratische Ordnungen „repolitisiert", da er sich den Moment des Konflikts in Form einer Wir-Sie-Gegenüberstellung gegen Populismus wiederaneignen muss. Gleichzeitig betonen Marchart und Yannis Stavrakakis, dass Antipopulismus durch die zugespitzte Dichotomie zwischen der etablierten (postdemokratischen) Ordnung und der populistischen Gefahr zur Verengung des politischen Horizonts führt. Demnach werden Herausforderer von Rechtsaußen wie der Front National bzw. Rassemblement National – die dann als „populistisch" bezeichnet werden – als einzige Alternative zum Status quo bezeichnet und damit auch die etablierten Kräfte als Bollwerk gegen Rechtsaußen umgedeutet.

Außerdem gibt es die Möglichkeit, dass Antipopulismus die Frontlinien des Parteienwettbewerbs über längere Zeit mitprägt: In diesem Zusammenhang sprechen Stavrakakis und Giorgos Katsambekis von einer Konfliktlinie zwischen Populismus und Antipopulismus, die in den 2010er Jahren das griechische Parteiensystem maßgeblich bestimmte und dabei die etablierte Konfliktlinie links/rechts überlagerte. Dies zeigte sich beispielsweise daran, dass die etablierte Mitte-Links-Partei PASOK zweimal eine Koalitionsregierung mit ihrem traditionellen Mitte-Rechts-Kontrahenten ND einging (von 2011 bis 2012 und von 2012 bis 2015), um Kürzungsmaßnahmen im Einklang mit den Troika-Auflagen umzusetzen, wohingegen die linkspopulistische Syriza nach ihrem Wahlsieg 2015 eine Koalition mit der rechtspopulistischen ANEL in gemeinsamer Opposition zur Kürzungspolitik bildete.

Eine solche verdichtete Konfliktlinie zwischen Populismus und Antipopulismus hat nicht zuletzt polarisierende Folgen, weshalb Cristóbal Rovira

Kaltwasser beispielsweise gegen eine antipopulistische Zuspitzung hin zu einer Bipolarität von Populismus/Antipopulismus plädiert. Er verweist auf Venezuela und Griechenland als Beispiele für eine solche Konfliktlinie, die von gegenseitigen moralistischen Anschuldigungen zwischen den beiden Lagern gekennzeichnet war und nicht zuletzt als Produkt schwerwiegender Krisensituationen in beiden Ländern zu verstehen ist, die eine zugespitzte Neuordnung des Parteienwettbewerbs entlang dieser Frontlinie erst überhaupt ermöglicht hat.

Literaturtipp | Siehe zu den Überlegungen Rovira Kaltwassers: Rovira Kaltwasser, C.: Populism and the Question of How to Respond to It, in: Rovira Kaltwasser, C. et al. (Hrsg.), The Oxford Handbook of Populism, Oxford University Press 2017, S. 489–508.

Glossar - Wichtige Begriffe kurz erklärt

Im Text werden zentrale Fachbegriffe mit einem → gekennzeichnet. Hier werden sie genau erklärt.

Antipopulismus
Antipopulismus bezeichnet im breiten Sinne eine Form von Politik, die sich gegen die vermeintliche Gefahr von „Populismus“ richtet und sich in Abgrenzung gegen diese definiert. Durch die stark negative Aufladung von „Populismus“ als Kampfbegriff zieht Antipopulismus eine Grenze zwischen legitimer und illegitimer Politik.

Autoritarismus
Autoritarismus bezeichnet im breiten Sinne entweder ein politisches System oder Ausrichtung, die demokratische Prinzipien verwirft oder unterdrückt. Manche Theorieperspektiven schreiben Populismus einen inhärent autoritären Charakter zu, beispielsweise im Sinne einer Ablehnung legitimer politischer Gegnerschaft und der Erhebung einer einzigen Führungsfigur zum einzig möglichen Volksvertreter.

Diskursiver Theorieansatz
Eines der etablierten Paradigmen der heutigen Populismusforschung. Ausgehend von der Populismustheorie Ernesto Laclaus wird Populismus als tendenziell formelle Diskurslogik zur Konstruktion eines Volkssubjekts gegen einen Machtblock entlang einer antagonistischen Oben-Unten-Gegenüberstellung verstanden.

Die Elite
Die Benennung eines antagonistischen Gegenübers ‚da oben‘ („die Elite“, „die Oligarchie“, das obige „1 Prozent“) in Abgrenzung zum Volkssubjekt gehört zu den Definitionsmerkmalen des Populismus. Ähnlich wie das „Volk“ kann die „Elite“ verschiedenste Bedeutungen annehmen (z. B. ökonomisch, politisch und/oder kulturell).

Ideeller Theorieansatz
Eines der etablierten Paradigmen der heutigen Populismusforschung. In Anlehnung an die Definition Cas Muddes wird Populismus als dünne Ideologie bzw. Ideenkomplex um die Befürwortung eines als moralisch rein und homogen ausgemachten Volkes gegen eine als korrupt und ebenso homogen wahrgenommene Elite verstanden.

Linkspopulismus
Eine der gängigen Varianten des Populismus. Im Linkspopulismus wird das Volkssubjekt tendenziell als kulturell offenes Gebilde verstanden und primär im politischen und/oder ökonomischen Sinne gegen ‚die da oben' definiert (in manchen Fällen auch in intersektionaler Hinsicht unter Berücksichtigung feministischer oder auch antirassistischer Herrschaftskritiken).

Manichäismus
Ein insbesondere nach dem ideellen Theorieansatz häufig genanntes Definitionsmerkmal des Populismus. Manichäismus besagt demnach eine dualistische und moralistisch aufgeladene Sicht auf die Welt: ‚Wir', die aufrichtigen und guten (bzw. im Fall des Populismus: auf der Seite des ‚Volkes' stehenden) gegen ‚Sie', die bösen und korrupten (bzw. im Fall des Populismus: ‚da oben'). So gesehen lässt sich mit Manichäismus eine ganze Reihe politischer Phänomene bezeichnen, darunter auch Antipopulismus.

Narodniki/Narodnitschestwo
Die als historisches Beispiel für Populismus angeführte Narodniki-Bewegung im russischen Zarenreich des späten 19. Jahrhunderts entstand aus dem Versuch junger Intellektuellen, von der Stadt aufs Land zu ziehen („Gang zum Volk") und neben dem einfachen Bauerntum in der Dorfkommune zu leben und zu arbeiten, um von dort aus das Potenzial für revolutionären Wandel auszuloten.

Nationalismus
Nationalismus bezeichnet im breiten Sinne eine Form von Politik, die eine „Nation" als organische Gemeinschaft sowie Kollektivsubjekt in Abgrenzung gegen fremde Andere aufruft. Insbesondere im → Rechtspopulismus tritt Nationalismus in Form einer Innen-Außen-Gegenüberstellung (national vs. fremd) häufig in Kombination mit Populismus (unten vs. oben).

Nativismus
Nativismus bezeichnet im breiten Sinne eine Ablehnung von Zuwanderung, die vor allem nationalistisch gegen nicht-nationale Fremde gewendet wird, aber auch (teilweise zusätzlich) regionalistisch oder auch klassenspezifisch kodiert werden kann. Gerade im → Rechtspopulismus tritt Nativismus (einheimisch vs. fremd) oft in Kombination mit Populismus (unten vs. oben).

People's Party/Populists

Die als historisches Beispiel für Populismus zitierte People's Party in den USA war eine primär agrarisch geprägte Bewegung des späten 19. und frühen 20. Jahrhunderts, die im Namen des „Volkes" eine Reihe von Forderungen stellte (Steuerprogression, „freies Silber" anstelle des Goldstandards, Arbeitszeitverkürzungen).

Pluralismus

Pluralismus bezeichnet im breiten Sinne die Möglichkeit einer Vielfalt von Identitäten und Standpunkten in einer Gesellschaft. Insbesondere nach dem ideellen Theorieansatz wird Populismus als inhärent antipluralistisches Phänomen im Sinne einer Ablehnung alternativer Identitätsangebote neben dem „Volk" oder auch der Möglichkeit legitimer Gegnerschaft verstanden.

Populismus der Mitte (bzw. zentristischer Populismus)

Eine in der Forschung diskutierte Variante des Populismus. Kennzeichnende Merkmale des Populismus der Mitte ist ein inhaltlicher Eklektizismus, Selbstpositionierung als ‚jenseits von links und rechts' sowie auf der Seite der vermeintlichen Normalbürger:innen und damit einhergehend der Vorwurf, dass Links-Rechts-Etiketten eine sinnlose Fassade darstellen, hinter der sich die korrupte Elite verstecken soll.

Populismus ohne Führungsfigur (engl. *leaderless populism*)

Eine in der Forschung diskutierte Variante des Populismus. Demnach handelt es sich insbesondere um dezentral-netzwerkartig organisierte soziale Bewegungen (z. B. Indignados in Spanien, Occupy Wall Street in den USA), die populistisch an die Gesamtheit des „Volkes" bzw. der „Bürgerschaft" gegen ‚die da oben' appellieren, ohne dabei ein klares Führungszentrum aufzuweisen.

Postdemokratie

Nach der Kritik diverser Denker wie Colin Crouch und Jacques Rancière bezeichnet Postdemokratie die Aushöhlung des demokratischen Grundprinzips der Volkssouveränität im Namen technokratischer Sachzwänge und/oder Marktimperative. Eine These in der Literatur besagt, dass Postdemokratie den Nährboden für Populismus schafft und durch antipopulistische Gegenreaktionen wiederum verteidigt wird.

Rechtspopulismus

Eine der gängigen Varianten des Populismus. Im Rechtspopulismus wird das Volkssubjekt nicht nur populistisch gegen ‚die da oben', sondern auch nationalistisch und/oder nativistisch gegen kulturell Fremde (‚die da draußen') gewendet. In vielen Fällen sind die Oben-Unten- und Innen-Außen-Konstruktionen eng miteinander verzahnt, so dass ‚die da oben' ebenfalls als fremd bzw. als unter fremdem Einfluss stehend ausgemacht werden.

Stilistischer Theorieansatz

Eines der etablierten Paradigmen der heutigen Populismusforschung. In Anlehnung an die Schriften Pierre Ostiguys und Benjamin Moffitts wird Populismus als performative Praxis der Aufwertung eines kulturell ‚niedrigen' Stils (schlechte Manieren, ständiges Monieren von Krise) in Abgrenzung von etablierten Verhaltensnormen verstanden.

Strategischer Theorieansatz

Eines der etablierten Paradigmen der heutigen Populismusforschung. In Anlehnung an die Theorie Kurt Weylands wird Populismus als führungszentrierte und personalistische Mobilisierungsstrategie unter Berufung auf eine unorganisierte Massenanhängerschaft in Abgrenzung von institutionalisierten Formen von Politik verstanden.

Transnationaler Populismus

Eine in der Forschung diskutierte Variante des Populismus. Insbesondere nach dem diskursiven Theorieansatz appelliert transnationaler Populismus an ein national grenzüberschreitendes Volkssubjekt als wahren Souverän (z. B. die Unionsbürger:innen auf EU-Ebene) gegen ‚die da oben', die es an der Ausübung seiner Souveränität hindern.

Das Volk

Der Begriff „Volk" sowie Äquivalente in anderen Sprachen bildet einen zentralen Bezugspunkt für Populismus (aus dem lateinischen *populus*). Nach den meisten Definitionsansätzen besteht ein kennzeichnendes Merkmal des Populismus darin, ein wie auch immer ausgemachtes Volkssubjekt ‚hier unten' („das Volk", „die Menschen", „die einfachen Leute", „die 99 Prozent") gegen ‚die da oben' aufzurufen.

Verwendete Literatur

Akkerman, A.; Mudde, C.; Zaslove, A.: How Populist Are the People? Measuring Populist Attitudes in Voters, in: Comparative Political Studies, 47, 9, 2016, S. 1324–1353.

Arditi, B.: Populism as an Internal Periphery of Democratic Politics, in: Panizza, F. (Hrsg.), Populism and the Mirror of Democracy, Verso 2005, S. 72–98.

Arditi, B.: Politics on the Edges of Liberalism: Difference, Populism, Revolution, Agitation, Edinburgh University Press 2007.

Arditi, B.: Review Essay: Populism is Hegemony is Politics? On Ernesto Laclau's *On Populist Reason*, in: Constellations, 17, 3, 2010, S. 488–497.

Bebnowski, D.: Die Alternative für Deutschland: Aufstieg und gesellschaftliche Repräsentanz einer rechten populistischen Partei, Springer VS 2015.

Bluhm, K.; Varga, M. (Hrsg.): New Conservatives in Russia and East Central Europe, Routledge 2019.

Brubaker, R.: Between Nationalism and Civilizationism: the European Populist Moment in Comparative Perspective, in: Ethnic and Racial Studies, 40, 8, 2017, S. 1191–1226.

Brubaker, R.: Populism and Nationalism, in: Nations and Nationalism, 26, 1, 2020, S. 44–66.

Canovan, M.: Trust the People! Populism and the Two Faces of Democracy, in: Political Studies, 47, 1, 1999, S. 2–16.

Canovan, M.: Taking Politics to the People: Populism as the Ideology of Democracy, in: Mény, Y.; Saurel, Y. (Hrsg.), Democracies and the Populist Challenge, Palgrave Macmillan 2002, S. 25–44.

Canovan, M.: The People, Polity 2005.

Crouch, C.: Postdemokratie, Suhrkamp 2012.

Curato, N.: Politics of Anxiety, Politics of Hope: Penal Populism and Duterte's Rise to Power, in: Journal of Current Southeast Asian Affairs, 35, 3, 2016, S. 91–109.

De Cleen, B., Stavrakakis. Y.: Distinctions and Articulations: A Discourse Theoretical Framework for the Study of Populism and Nationalism, in: Javnost – The Public, 24, 4, 2017, S. 301–319.

De Cleen, B., Stavrakakis, Y.: How Should We Analyze the Connections between Populism and Nationalism: A Response to Rogers Brubaker, in: Nations and Nationalism, 26, 2, 2020, S. 314–322.

De Cleen, B. et al.: The Potentials and Difficulties of Transnational Populism: The Case of the Democracy in Europe Movement 2025 (DiEM25), in: Political Studies, 68, 1, 2020, p. 146–166.

Frank, T.: The People, No: A Brief History of Anti-Populism, Metropolitan 2020.

Freeden, M.: Ideologies and Political Theory: A Conceptual Approach, Oxford University Press 1996.

García Agustín, Ó.: Left-Wing Populism: The Politics of the People, Emerald 2020.

Gerbaudo, P.: The Mask and the Flag: Populism, Citizenism and Global Protest, Oxford University Press 2017.

Glynos, J.; Mondon, A.: The Political Logic of Populist Hype: The Case of Right-Wing Populism's „Meteoric Rise" and its Relation to the Status Quo, in: POPULISMUS Working Papers, 4, 2017.

Grattan, L.: Populism's Power: Radical Grassroots Democracy in America, Oxford University Press 2016.

Häusler, A. (Hrsg.): Völkisch-autoritärer Populismus. Der Rechtsruck in Deutschland und die AfD, VSA 2018.

Hawkins, K.: Is Chávez Populist? Measuring Populist Discourse in Comparative Perspective, in: Comparative Political Studies 42, 8, 2005, S. 1040–1067.

Hawkins, K. et al. (Hrsg.): The Ideational Approach to Populism: Concept, Theory, and Analysis, Routledge 2019.

Hildebrand, M.: Rechtspopulismus und Hegemonie. Der Aufstieg der SVP und die diskursive Transformation der politischen Schweiz, Transcript 2017.

Hofstadter, R.: The Paranoid Style in American Politics, in: Harper's Magazine, 11/1964, https://harpers.org/archive/1964/11/the-paranoid-style-in-american-politics/.

Hough, D.; Koß, M.: Populism Personified or Reinvigorated Reformers? The German Left Party in 2009 and Beyond, in: German Politics and Society, 27, 2, 2009, S. 76–91.

Hough, D.; Keith, M.: The German Left Party: A Case of Pragmatic Populism, in: Katsambekis, G.; Kioupkiolis, A. (Hrsg.), The Populist Radical Left in Europe, Routledge 2019, S. 129–144.

Howarth, D.; Norval, A.; Stavrakakis, Y. (Hrsg.): Discourse Theory and Political Analysis: Identities, Hegemonies and Social Change, Manchester University Press 2000.

Ionescu, G.; Gellner, E. (Hrsg.), Populism: Its Meaning and National Characteristics, Macmillan 1969.

Jansen, R.: Populist Mobilization: A New Theoretical Approach to Populism, in: Sociological Theory, 29, 2, 2011, S. 75–96.

Jörke, D.; Selk., V.: Der hilflose Antipopulismus, in: Leviathan, 43, 4, 2015, S. 484–500.

Jörke, D.; Selk, V.: Theorien des Populismus zur Einführung, Junius 2017.

Katsambekis, G.: Constructing 'the People' of Populism: A Critique of the Ideational Approach from a Discursive Perspective, in: Journal of Political Ideologies, 27, 1, 2022, S. 53–74.

Katsambekis, G.; Kioupkiolis, A. (Hrsg.): The Populist Radical Left in Europe, Routledge 2019.

Kim, S.: The Populism of the Alternative for Germany (AfD): An Extended Essex School Perspective, in: Palgrave Communications 3, 5, 2017, S. 1–11.

Kim, S.: ... Because the Homeland Cannot Be in Opposition: Analysing the Discourses of Fidesz and Law and Justice (PiS) from Opposition to Power, in: East European Politics, 37, 2, 2021, S. 332–351.

Kim, S.: Taking Stock of the Field of Populism Research: Are Ideational Approaches „Moralistic" and Post-Foundational Discursive Approaches „Normative"?, in: Politics, 42, 4, 2022, S. 492–504.

Kim, S.: Discourse, Hegemony, and Populism in the Visegrád Four, Routledge 2022.

Kim, S.: Towards an Antiwar Transnational Populism? An Analysis of the Construction of „the Russian People" in Volodymyr Zelensky's Wartime Speeches, in: Government and Opposition, 2023, S. 1–17.

Kim, S.; Mondon, A.: From Objectivist Bias to Positivist Bias: A Constructivist Critique of the Attitudes Approach to Populism, in: Political Studies Review, 2024, S. 1–15.

Laclau, E.: On Populist Reason, Verso 2005.

Laclau, E.: Populism: What's in a Name?, in: Panizza, F. (Hrsg.), Populism and the Mirror of Democracy, Verso 2005, S. 32–49.

Laclau, E.: Warum Populismus, in: Marchart, O. (Hrsg.), Ordnungen des Politischen. Einsätze und Wirkungen der Hegemonietheorie Ernesto Laclaus, Springer VS 2017, S. 233–240.

Link, J.: Populismus aus normalismus- und antagonismustheoretischer Sicht, in: Kim, S.; Agridopoulos, A. (Hrsg.), Populismus, Diskurs, Staat, Nomos 2020, S. 79–99.

Marchart, O.: Liberaler Antipopulismus. Ein Ausdruck von Postpolitik, in: Aus Politik und Zeitgeschichte, 44–45, 2017, S. 11–16.

Mesežnikov, G.; Gyárfášová, O.; Smilov, D. (Hrsg.): Populist Politics and Liberal Democracy in Central and Eastern Europe, Institute for Public Affairs 2008.

Möller, K.: Volksaufstand und Katzenjammer. Zur Geschichte des Populismus, Klaus Wagenbach 2020.

Moffitt, B.: The Global Rise of Populism: Performance, Political Style, and Representation, Stanford University Press, 2016.

Moffitt, B.: The Populism/Anti-Populism Divide in Western Europe, in: Democratic Theory, 5, 2, 2018, S. 1–16.

Mouffe, C.: Für einen linken Populismus, Suhrkamp 2018.

Mudde, C.: The Populist Zeitgeist, in: Government and Opposition, 39, 4, 2004, S. 541–563.

Mudde, C.: Populist Radical Right Parties in Europe, Cambridge University Press 2007.

Mudde, C.: Populism: An Ideational Approach, in: Rovira Kaltwasser, C. et al. (Hrsg.), The Oxford Handbook of Populism, Oxford University Press 2017, S. 27–47.

Mudde, C.: Populism in Europe: An Illiberal Democratic Response to Undemocratic Liberalism, in: Government and Opposition, 56, 4, 2021, S. 577–597.

Mudde, C.; Rovira Kaltwasser, C. (Hrsg.): Populism in Europe and the Americas: Threat or Corrective for Democracy? Cambridge University Press 2012.

Mudde, C.; Rovira Kaltwasser, C.: Exclusionary vs. Inclusionary Populism: Comparing Contemporary Europe and Latin America, in: Government and Opposition, 48, 2, 2013, S. 147–174.

Mudde, C.; Rovira Kaltwasser, C.: Populism: A Very Short Introduction, Oxford University Press 2017.

Müller, J.-W.: „The People Must Be Extracted from Within the People“: Reflections on Populism, in: Constellations, 21, 4, 2014, S. 483–493.

Müller, J.-W.: Was ist Populismus? Suhrkamp 2016.

Müller, J.-W.: Populism and Constitutionalism, in: Rovira Kaltwasser, C. et al. (Hrsg.), The Oxford Handbook of Populism, Oxford University Press 2017, S. 590–605.

Ostiguy, P.: The High-Low Divide: Rethinking Populism and Anti-Populism, in: C&M Working Paper, 35, 2009.

Ostiguy, P.: The Socio-Cultural, Relational Approach to Populism, in: Partecipazione & Conflitto, 13, 1, 2020, S. 29–58.

Ostiguy, P.; Panizza, F.; Moffitt, B. (Hrsg.): Populism in Global Perspective: A Performative and Discursive Approach, Routledge 2021.

Panayotu, P.: Transnational Populism and the European Union: An Uneasy Alliance? The Case of DiEM25, in: Blokker, P. (Hrsg.), Imagining Europe: Transnational Contestation and Civic Populism, Palgrave Macmillan 2021, S. 117–148.

Prentoulis, M.: Left Populism in Europe: Lessons from Jeremy Corbyn to Podemos, Pluto 2021.

Rancière, J.: Das Unvernehmen, Suhrkamp 2002.

Roberts, K.: Neoliberalism and the Transformation of Populism in Latin America: The Peruvian Case, in: World Politics, 1995, 48, 1, S. 82–116.

Rovira Kaltwasser, C.: The Ambivalence of Populism: Threat and Corrective for Democracy, in: Democratization, 19, 2, 2012, S. 184–208.

Rovira Kaltwasser, C.: Populism and the Question of How to Respond to It, in: Rovira Kaltwasser, C. et al. (Hrsg.), The Oxford Handbook of Populism, Oxford University Press 2017, S. 489–508.

Stanley, B.: The Thin Ideology of Populism, in: Journal of Political Ideologies, 13, 1, 2008, S. 95–110.

Stanley, B.: Populism in Central and Eastern Europe, in: Rovira Kaltwasser, C. et al. (Hrsg.): The Oxford Handbook of Populism, Oxford University Press 2017, S. 140–160.

Stavrakakis, Y.: Antinomies of Formalism: Laclau's Theory of Populism and the Lessons from Religious Populism in Greece, in: Journal of Political Ideologies, 9, 3, 2004, S. 253–267.

Stavrakakis, Y.: The Return of „the People": Populism and Anti-Populism in the Shadow of the European Crisis, in: Constellations, 21, 4, 2014, S. 505–517.

Stavrakakis, Y.: How Did „Populism" Become a Pejorative Concept? And Why is This Important Today? A Genealogy of Double Hermeneutics, in: POPULISMUS Working Papers, 6, 2017.

Stavrakakis, Y.; Jäger, A.: Accomplishments and Limitations of the „New" Mainstream in Contemporary Populism Studies, in: European Journal of Social Theory, 21, 4, 2018, S. 547–565.

Stavrakakis, Y.; Katsambekis, G.: Left-Wing Populism in the European Periphery: The Case of SYRIZA, in: Journal of Political Ideologies, 19, 2, 2014, S. 119–142.

Stavrakakis, Y.; Katsambekis, G.: The Populism/Anti-Populism Frontier and its Mediation in Crisis-Ridden Greece: From Discursive Divide to Emerging Cleavage?, in: European Political Science, 18, 1, 2019, S. 37–52.

Stavrakakis, Y. et al.: Populism, Anti-Populism, and Crisis, 17, 1, 2018, S. 4–27.

Tännsjö, T.: Populist Democracy: A Defence, Routledge 1992.

Venizelos, G.: Populism in Power: Discourse and Performativity in Syriza and Donald Trump, Routledge 2023.

Volk, S.: „Wir sind das Volk!" Representative Claim-Making and Populist Style in the PEGIDA Movement's Discourse, in: German Politics, 29, 4, 2020, S. 599–616.

Vorländer, H.; Herold, M.; Schäller, S.: PEGIDA. Entwicklung, Zusammensetzung und Deutung einer Empörungsbewegung, Springer VS 2016.

Weyland, K.: Clarifying a Contested Concept: Populism in the Study of Latin American Politics, in: Comparative Politics, 34, 1, 2001, S. 1–22.

Weyland, K.: Populism as a Political Strategy: An Approach's Enduring – and Increasing – Advantages, in: Political Studies, 69, 2, 2021, S. 185–189.

Wo sich welches Stichwort befindet

Personen

Frag doch einfach!

Klare Antworten aus erster Hand

Die utb-Reihe „Frag doch einfach!" beantwortet Fragen, die sich nicht nur Studierende stellen. Im Frage-Antwort-Stil geben Expert:innen kundig Auskunft und verraten alles Wissenswerte rund um das Thema. Die wichtigsten Fachbegriffe stellen sie zudem prägnant vor und verraten, welche Websites, YouTube-Videos und Bücher das Wissen vertiefen.
So lässt sich leicht in ein Thema einsteigen und über den Tellerrand schauen.

Bisher sind erschienen:

Michael von Hauff
Nachhaltigkeit für Deutschland? Frag doch einfach!
2020, 190 Seiten
ISBN 978-3-8252-5435-3

Claudia Ossola-Haring
Ein Start-up gründen? Frag doch einfach!
2020, 238 Seiten
ISBN 978-3-8252-5436-0

Roman Simschek, Arie van Bennekum
Agilität? Frag doch einfach!
3. Auflage, 2023, 197 Seiten
ISBN 978-3-8252-6055-2

Martin Oppelt
Demokratie? Frag doch einfach!
2021, 202 Seiten
ISBN 978-3-8252-5446-9

Florian Kunze, Kilian Hampel, Sophia Zimmermann
Homeoffice und mobiles Arbeiten? Frag doch einfach!
2021, 190 Seiten
ISBN 978-3-8252-5664-7

Gerald Pilz
Mobilität im 21. Jahrhundert? Frag doch einfach!
2021, 230 Seiten
ISBN 978-3-8252-5662-3

Anke Brinkmann, Gabriele Dreilich, Christian Stadler
Virtuelle Teams führen? Frag doch einfach!
2022, 148 Seiten
ISBN 978-3-8252-5780-4

Andreas Koch
Armut? Frag doch einfach!
2022, 179 Seiten
ISBN 978-3-8252-5554-1

Barbara Schmidt
Angst? Frag doch einfach!
2022, 143 Seiten
ISBN 978-3-8252-5687-6

Fabian Kaiser, Arie van Bennekum
Scrum? Frag doch einfach!
2022, 134 Seiten
ISBN 978-3-8252-5974-7

Florian Spohr
Lobbyismus? Frag doch einfach!
2023, 199 Seiten
ISBN 978-3-8252-5688-3

Henrik Bispinck
Friedliche Revolution und Wiedervereinigung? Frag doch einfach!
2023, 185 Seiten
ISBN 978-3-8252-5445-2

Nassim Madjidian, Sara Wissmann
Seenotrettung? Frag doch einfach!
2023, 192 Seiten
ISBN 978-3-8252-6014-9

Arndt Sinn
Organisierte Kriminalität? Frag doch einfach!
2023, 204 Seiten
ISBN 978-3-8252-6100-9

Detlev Frick
Big Data? Frag doch einfach!
2023, 123 Seiten
ISBN 978-3-8252-5442-1

Annegret Braun
Glück? Frag doch einfach!
2023, 172 Seiten
ISBN 978-3-8252-6092-7

Jenny Amelingmeyer / Thomas B. Berger / Sven Seidenstricker
Innovationsmanagement? Frag doch einfach!
2024, 208 Seiten
ISBN 978-3-8252-6097-2

Matthias Kaufmann
Ethik und Moral? Frag doch einfach!
2024, 199 Seiten
ISBN 978-3-8252-5444-5

Seongcheol Kim
Populismus? Frag doch einfach!
2024, 139 Seiten
ISBN 978-3-8252-6104-7